ANNIC-BARBARA FENSKE & JULIA SEEGEBARTH

MEINE Auszeiten HAMBURG

DURCHATMEN & KRAFT SCHÖPFEN

DROSTE

Als „Achtsamkeitstraining to go“
findest du vier von uns eingesprochene Meditationen
zum Download unter www.droste-verlag.de.

Namasté

Von Herzen möchten wir uns bei unseren Familien und Freunden bedanken, die uns mit Verständnis, Raum und Zeit bei der Entwicklung und Entstehung dieses Buches unterstützt haben. Ein besonderes Dankeschön gilt all den Menschen, Tieren und der Natur, die wir kennenlernen und bestaunen durften. Danke, dass ihr uns Einblick in euer Leben und wertvolles Wirken erlaubt habt. Es war Inspiration pur, euch auf Herzebene zu begegnen und euer Schaffen nun mit der Welt zu teilen.

Liebe Leserin, lieber Leser,

dem Ruf unserer natürlichen Forscherfreude folgend, haben wir beiden „Quiddjes“ unsere Herzensheimat Hamburg erkundschaftet und neu entdeckt. Mit kindlicher Neugier und Anfängergeist sind wir Orten, Menschen, Tieren, der Schönheit der Natur, sprich unserer Mitwelt, begegnet und haben wahre Energietankstellen gefunden. Es braucht gar nicht viel, um sich mit Urlaub vom Alltag selbst zu beschenken. Ein bisschen Perspektivwechsel, ein bisschen achtsames „Spürgewahrsein“ und wir wurden durch die reine Sinneserfahrung von dem Wesenhaften der Begegnungen und des Erlebens berührt.

Deshalb ist dies für uns ein salutogenetischer Reiseführer, ein Immunbooster für ein seelenbewusstes Leben im Einklang mit der Natur. Es erfüllt uns mit Dankbarkeit, diese Schätze empfangen zu haben und sie nun weitergeben zu können. Denn woran wir uns alle immer wieder erinnern dürfen, ist, dass „einfach sein“ reicht und glücklich macht.

Wir wünschen dir viel Inspiration, um selbst auf Entdeckungsreise zu gehen, dich von der Vielfältigkeit Hamburgs berühren zu lassen und dich selbst zu belohnen.

Deine Annic-Barbara Fenske &
deine Julia Seegebarth

Meine Atempause

Meine Kraftquelle

Mein Tag Urlaub

Meine Frei-Zeit

BOTANISCHES WUNDERLAND

Hier beruhigt sich das gestresste Großstadtherz wie von Zauberhand. Breite Wiesen, idyllische Bäche und kleine Seen sowie einzigartig angelegte Themengärten versprechen Ruhe und Erholung.

Hamburgs grünes Herz erstreckt sich mitten in der Stadt zwischen Fernsehturm, Dammtorbahnhof, Congress-Centrum und Millerntorplatz und folgt der alten Stadtbefestigung, den Wallanlagen. Die 45 Hektar große **Parkanalage Planten un Blomen** macht ihrem Namen alle Ehre: Facettenreiche Gartenarchitektur und prachtvolle Pflanzen- und Blumenbeete laden zum Bestaunen, Verweilen und tiefen Ein- und Ausatmen ein.
Die verschlungenen Pfade durch den Japanischen Landschaftsgarten führen vorbei an Felsen, Wasserläufen und stillen Teichen und präsentieren die Harmonie und Ruhe des Gartenkunstwerks aus wechselnden Perspektiven. Eine Hommage an die Königin der Blumen ist der **Rosengarten.** Hier blühen neben Stauden, Kleingehölzen und Sommerblumen etwa 300 verschiedene Rosensorten. Im Pavillon kann man klassischer Musik lauschen und sich über die Rosensorten und ihre Pflege informieren. Südliches Flair findet man bei den **Mittelmeerterrassen** mit ihren Mauern aus Schiefergestein, welches die Sonnenenergie speichert. Südländische Pflanzen, wie Hibiskus, Clematis und Limonen, finden hier ihren Platz. Weiße Liegestühle laden zum Ausruhen und Sonnetanken ein. Lebensraum für zahlreiche Vögel, Enten, Fische und Wasserschildkröten ist der anliegende Wallgraben. Die angrenzenden Tropengewächshäuser beherbergen Pflanzen aus allen Klimazonen der Erde.

Für mich!
Kostenfrei frische Energie tanken

Sommerliche Konzerte im **Musikpavillon,** die Wasserlichtkonzerte auf dem Parksee sowie eine Minigolf- und Trampolinanlage haben Unterhaltungswert. Zudem gibt es eine Rollschuh-, Inlineskate- und Skateboardanlage, die im Winter als Freilufteisbahn dient. In der **Töpferstube** kann man in den Sommermonaten unter fachlicher Anleitung das Gestalten mit Ton erlernen. Die Vielfältigkeit dieses Naherholungsgebiets im Herzen von Hamburg ist einzigartig. Oasen der Ruhe lassen uns die Schönheit und Ausgewogenheit der Natur spüren und uns von ihrer Kraft aufladen.

Planten un Blomen, Marseiller Straße, 20355 Hamburg,
Tel. (0 40) 42 82 80, www.plantenunblomen.hamburg.de

2 Meine Atempause

NAMASTÉ AUF DEM STEG

Yoga auf dem Alstersteg verbindet die ausgleichende Kraft der Natur mit der uns allen innewohnenden liebenden Güte und Allverbundenheit. Der Raum der Ruhe, des Friedens und des Glücks liegt in uns.

Den Trubel der Stadt hinter uns lassend, betreten wir am frühen Morgen mit der Yogamatte unterm Arm den **Steg des Cafés Barca** an der Außenalster. Ein nordisch-maritimes „Moin, Moin" empfängt uns: Tret- und Segelboote wiegen sich in den leichten Wogen des Jachthafens, wir lauschen dem Plätschern des Wassers und dem Gelächter der Möwen. Die Sonne glitzert auf dem Wasser. Als sich der Blick auf das beruhigende, weite Blau der Alster hin öffnet, atmen wir gleich tiefer.

Hier sind wir mit Britta Ibbeken verabredet. Britta ist zertifizierte Hatha-, Yin-Yoga- und Achtsamkeitslehrerin. In gleichmütiger und liebevoller Weise verkörpert und lehrt sie **„Yoga mit Herz im Herzen der Stadt"** in einem schmucken Loft im bunten St. Georg. In der Sommersaison kann man die Yogapraxis direkt auf dem Alstersteg erleben.

Für mich!
Eine Verabredung mit mir selbst und dem Leben

Wir rollen unsere Matte in Richtung der Alsterschwäne aus. Die grazilen Seelenvögel gleiten anmutig an uns vorbei. Bei den **Atemübungen** (Pranayama) kommen wir mit der nährenden Urkraft in Verbindung, die darauffolgenden Sonnengrüße und Asanas fühlen sich kraftvoll und erdend an. Gleichzeitig offenbart uns dieser Ort ein Bewusstsein der Allverbundenheit. Das Namasté erinnert uns an die Zeilen von Mahatma Gandhi: „Ich ehre den Platz in dir, in dem das gesamte Universum wohnt. Ich ehre den Platz des Lichts, der Liebe, der Wahrheit, des Friedens und der Weisheit in dir. Ich ehre den Platz in dir, wo, wenn du dort bist und auch ich dort bin, wir beide eins sind."

Inmitten der ausgleichenden Energie des Wassers empfangen wir genau das, was Yoga bewirkt: tiefe **Dankbarkeit,** Selbstliebe, das Finden und Bewahren der eigenen Kraft, Respekt und Achtsamkeit für alles Lebendige. Wir fühlen uns innerlich aufgeräumt, im Kontakt mit uns selbst und wunderbar erfrischt. In ruhevoller Selbstfürsorge kultivieren wir die Herrlichkeit des Seins. Demütig und aufgetankt starten wir in diesen neuen Tag.

Yoga an der Alster, Britta Ibbeken am **Alstersteg Café Barca,** An der Alster 67 a, 20099 Hamburg, Tel. (01 78) 3 12 95 21, www.yogaanderalster.net/yoga/aufm-steg/

3 *Meine Atempause*

SCHWIMMENDES CAFÉ

Vielleicht ist es das Getragensein vom Wasser, vielleicht das köstliche Bananenbrot. Vielleicht ist es das coole Kreativfeeling, vielleicht das Hausbootgefühl. Wer hier einkehrt, versinkt im Moment.

Es gibt ihn, den perfekten Ort, um sich ganz urban und doch der Natur so nah zu fühlen. Fast ein bisschen verwunschen wirkt das **Café Entenwerder,** das sich hinter Sträuchern und Bäumen am Ufer der Norderelbe in der Billwerder Bucht versteckt. Hier haben der Gründer des Modelabels „Thomas i-Punkt“ Thomas Friese und seine Tochter Alexandra eine schwimmende, bunte Oase geschaffen. Nur 3 Kilometer von den Deichtorhallen entfernt, führt der schönste Weg dorthin zu Fuß oder mit dem Fahrrad durch den idyllischen Elbpark Entenwerder. Ein Blumenwagen mit bunten Gewächsen weist uns den Weg über eine historische Stahlbrücke, die das Festland mit einem Ponton verbindet. Nicht an, sondern auf der Elbe ist dieses wundersame Café **ein echtes Kleinod** und ein absoluter Lieblingsplatz.

Für mich!
Augenblick, verweile doch, du bist so schön!

An jeder Ecke gibt es etwas zu entdecken. Ob ein alter Flugzeugsitz oder Gartenstuhl, ob unterm orangefarbenen Sonnensegel oder unter freiem Himmel im hölzernen Liegestuhl, die Einrichtung strotzt vor **unverkennbaren Unikaten,** die Geschichten erzählen könnten. Der mit Kupfer verkleidete Quader, der einer Kunstausstellung aus Münster entstammt, bietet Raum auf drei Ebenen und funkelt golden im Sonnenlicht. Ein lebendiges Wechselspiel an Farben und Formen, an industriellem Charme und **Flussromantik.**

Es duftet nach Kaffee und frischem Kuchen. Auf der weiten Terrasse finden sich unterschiedlichste lauschige Plätzchen, um den Blick bei sanftem Schaukeln über die Elbe und die **Hafenkulisse** schweifen zu lassen. Vielleicht wassert ja gerade der Hafencity Riverbus an der Entenwerder Rampe. Alles Kulinarische bestellt man selbst in den beiden rosa lackierten, umgebauten Schiffscontainern. Bei Wind oder Regen kann man sich in den muckeligen Gewächshäusern wohlfühlen oder einfach die Ruhe des Flussufers bei einem guten Buch genießen. Und wer sich gern von Sonnenuntergängen verzaubern lässt, der wird hier reich beschenkt.

Café Entenwerder, Entenwerder 1, 20539 Hamburg,
Tel. (0 40) 70 29 35 88, www.entenwerder.com

KULINARISCH FLANIEREN

Fast nostalgisch mutet es an, auf dem Isemarkt in Eppendorf einzukaufen. Hier trifft Tradition unwiderstehlich auf ein neu entdecktes Bewusstsein für Frische, Kreativität und Gaumenschmaus.

Unter dem vor Schmuddelwetter oder Hitze schützenden Hochbahnviadukt zwischen den U-Bahn-Stationen Hoheluftbrücke und Eppendorfer Baum befindet sich der **Isemarkt,** einer der schönsten Wochenmärkte Hamburgs, wenn nicht Deutschlands. Auf einer Länge von etwa 600 Metern locken jeden Dienstag und Freitag **über 200 lokale Händler** mit einer hochwertigen und großen Auswahl an Produkten.
Über den Markt zu wandeln, ist ein **Erlebnis für die Sinne** und eine wahre Augenweide. Von frischer Milch oder köstlichem Lassi bei Kruses Hofmilch über Brot aus dem Steinofen und hochwertiges Obst und Gemüse direkt vom Erzeuger bis hin zum Mützenmacher und Bürstenverkäufer – der Isemarkt ist unglaublich vielfältig. Es duftet nach Blumen, Kräutern und frischem Gebäck. Verführerischer Käse, selbst gemachte Nudeln, mediterrane Köstlichkeiten, Regale voller Gewürze und Honig und hochwertiges Obst und Gemüse vollenden den bei Heimischen und Touristen gleichermaßen beliebten Marktbummel.

Für mich!
Bewusst und nachhaltig grundversorgt

Jeder Stand für sich ist eine **besondere Verführung.** Das Schöne: Hier verkauft jeder noch selbst und bei einem Klönschnack erfährt man die ein oder andere Geschichte rund um das sehr persönliche Treiben auf dem Markt. Wer frische Kräuter und essbare Blüten braucht, der kommt an Malte und seinen Kräuterburschen nicht vorbei. Der ehemalige Zootierpfleger und Dompteur setzt nun die Familientradition, den Kräuterhandel, fort. Dagmar Wagner macht den wunderschönen Schmuck an ihrem Stand größtenteils selbst. Rainer Raeder betreibt das kleinste Kaufhaus der Welt. Hier findet man liebevoll zusammengesuchte Hamburgensien.
Die lebendige, zugewandte und **sehr persönliche Atmosphäre** lässt uns verweilen und in einem der vielen fahrenden Cafés einkehren. Gelegentlich untermalen Straßenmusiker das kulinarische Treiben auf dem Markt.

Isemarkt, Isestraße, 20149 Hamburg (Di./Fr. 8.30–14 Uhr)

BERÜHRENDE BEHANDLUNG

Die VegetoDynamik® wirkt wie ein Jungbrunnen für Körper, Geist und Seele. All unsere Körperzellen werden „wachgeküsst" und neu geboren. Wir erfahren die energetische Dimension unseres Seins.

Wir treffen Gabriele Pirchmoser in dem schönen und reinen Ambiente der Women Lounge in Winterhude. Gabriele ist ausgebildete Vegeto-Dynamikerin und dank ihres feinfühligen Wesens lebt sie ihre Berufung. „Gesundheit entspringt einer unerschöpflichen Quelle im Menschen. Wir haben alle ein **gesundes Potenzial** in uns, was geweckt und gestärkt werden möchte. Es gilt, sich dieser Quelle bewusst zu werden und sie zu aktivieren", sagt sie und beschreibt damit den salutogenetischen Ansatz dieser tiefgreifenden Methode. „Vegeto" bedeutet „beleben, aufwecken". „Dynamik" (altgr. „Dynamis") beschreibt die uns alle innewohnende Ressource für Gesundheit und Lebensglück. Mit einer VegetoDynamik werden alle Zellen des Körpers „aufgeweckt" und die natürliche Fähigkeit zur Selbstregulation angeregt. Die vegetodynamische Behandlung findet in einer achtsamen und geborgenen Atmosphäre statt. Haut, Muskeln und Sehnen sowie die unterliegenden Gefäße und Nervenendigungen werden manuell bewegt, beklopft oder gedehnt. **Atemübungen, Meditation und gedankliche Neuausrichtung** fließen als heilsame Anreize in die Körperarbeit mit ein, während die wissenden Hände von Gabriele in unserem Körper Blockaden und Energiestauungen aufspüren. Lichtvolle Impulse durchdringen die Schatten. Ein sanftes, wohliges Strömen und Pulsieren erfasst den Körper. Durch die spezielle Ausleitungsmassage löst sich, was blockiert war. Emotionale wie seelische Altlasten fallen ab. Der natürliche **Fluss unserer Lebensenergie** wird angeregt und alle Zellen erhalten neuen Schwung. In uns entsteht eine ursprüngliche Ordnung und Balance.

Für mich!
Heilsame Berührung und Verbundenheit spüren

Allumfassende Entspannung, ein wundervoll leichtes Wohlgefühl und lebendiges Glücksempfinden entstehen. Wir fühlen uns tief im Inneren berührt, geborgen und verbunden im reinen Sein. Die Quellen unserer Lebenskraft sprudeln wieder. Wer dieses belebende Gefühl von fließender Energie in allen Körperzellen einmal erlebt hat, möchte es bewahren.

VegetoDynamik®, Gabriele Pirchmoser, Maria-Louisen-Straße 2, 22301 Hamburg, Tel. (01 72) 8 99 04 10, www.berührendebehandlung.de

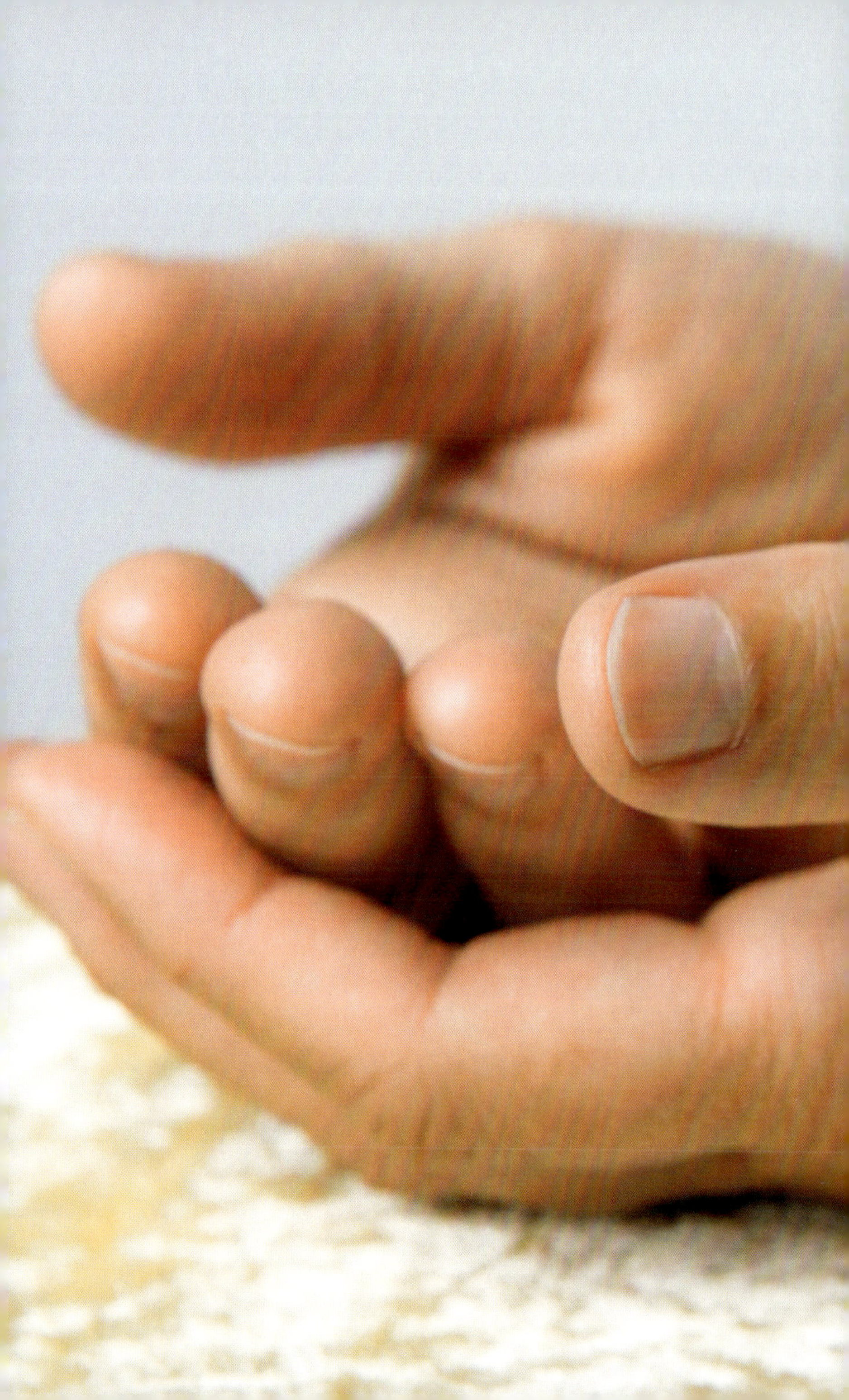

Salutogenese

AUS UNSEREN UREIGENEN KRAFTQUELLEN SCHÖPFEN

Gesundheit ist laut der WHO (World Health Organization) „ein ständiger Prozess zur Erreichung eines größtmöglichen körperlichen, psychischen und sozialen Wohlbefindens bei gleichzeitiger Förderung und Gewährleistung der Handlungskompetenz des Menschen für ein aktives Verhalten". Das Modell der Salutogenese wurde von dem israelischen Medizinsoziologen Aron Antonovsky um 1970 geprägt. Der Begriff Salutogenese ist ein von Antonovsky gebildeter Neologismus, bestehend aus den Worten „salus" (lat.) = „Unverletztheit, Gesundheit, Heil, Glück" und „genesis" (gr.) = „Entstehung", und bedeutet folglich wörtlich übersetzt „Gesundheitsentstehung". Antonovsky untersuchte, was Menschen trotz vieler potenziell gesundheitsgefährdender Einflüsse gesund bleiben lässt.

Durch seine Forschungsergebnisse wurde die bisherige Sichtweise der Pathogenese (Krankheitsentstehung) abgelöst und die Ursprünge und

Prävention von Gesundheit in den Vordergrund gerückt. Systemtheoretische Überlegungen beeinflussen seine Vorstellung von der Entstehung von Gesundheit. Gesundheit ist seiner Auffassung nach kein normaler, passiver Gleichgewichtszustand, sondern ein aktiver und in sich dynamisch regulierender Prozess, der immer wieder hergestellt werden muss. Anstatt der ausschließlichen Bekämpfung krank machender Einflüsse (Stressoren) setzt der salutogenetische Ansatz zusätzlich auf die Stärkung von heilsamen Faktoren, um den Organismus gegen schwächende Einflüsse widerstandsfähiger zu machen. Das ressourcenorientierte Denken berücksichtigt die ganze Person mit ihrer Lebensgeschichte und beachtet das gesamte System, in dem die Person lebt.

Antonovsky nutzt folgende Metapher: „meine fundamentale philosophische Annahme ist, dass der Fluss der Strom des Lebens ist. (...) Es gibt Gabelungen im Fluss, die zu leichten Strömungen oder in gefährliche Stromschnellen und Strudel führen. (...) Wie wird man, wo immer man sich in dem Fluss befindet, ein guter Schwimmer?“ Die individuelle Fähigkeit, „ein guter Schwimmer zu sein“, entspricht einer Persönlichkeitseigenschaft, die von Antonovsky Kohärenzgefühl genannt wird. Kohärenz bedeutet Zusammenhang, Stimmigkeit und stellt ein Gefühl des Vertrauens dar, das sich durch eine grundlegende Lebenseinstellung ausdrückt. Es beschreibt eine globale Orientierung, in der jemand ein durchdringendes, überdauerndes und dynamisches Gefühl des Vertrauens hat, dass die Anforderungen des Lebens verstehbar und zu bewältigen sind und dass es „Lerngeschenke“ sein können, die Sinn ergeben. Diese innere wissende und weise Haltung bestimmt, wie gut wir in der Lage sind, auf die Geschehnisse des Lebens bewusst zu antworten, aus unseren Kraftquellen (Ressourcen) zum Erhalt unseres Gesundseins zu schöpfen und unser Wohlbefinden zeit unseres Lebens selbstwirksam immer wieder herzustellen.

6 *Meine Atempause*

EINE PRISE NORDSEE

Ade Stress! Ahoi Aufatmen und Krafttanken! Herrlich, wie uns der Aufenthalt an der Strand-Kajüte Urlaub vom ewigen Trott des Alltags schenkt. Und eine pure Brise Nordseeluft gibt es gratis dazu.

Geruhsam treppauf und treppab durch das mediterrane Blankeneser Treppenviertel mit seinen vielen verwunschenen Gassen schlendern, unten angekommen rechts (westwärts) auf den Strandweg abbiegen und schon hat man die **Kajüte S.B.12** direkt am Elbstrand erreicht. In der rustikalen Bude mit echter Strandterrasse im Karibikflair und großartigem **Panoramablick** lässt es sich gemütlich frühstücken oder bei Hausmannskost (Bratkartoffeln mit Matjes oder Pannfisch) die maritime Atmosphäre der Hansestadt genießen. Es fühlt sich authentisch nordisch und irgendwie lässig an, als uns Manuela Gehrmann, die Betreiberin der Kajüte S.B.12, das Fischbrötchen durch die Luke in die Hand drückt.

Für mich!
Ausruhen und frische Luft einatmen

Direkt am weißen Elbstrand steht der **Leuchtturm** mit seinem weiß-roten Ringeloutfit, dahinter glitzert das Wasser und im Hintergrund kreischen die Möwen. Es ist wie ein Urlaubstag an der Nordsee. Der Blick öffnet sich in die Weite, eine leichte Brise umschmeichelt uns, die Sonnenstrahlen erwärmen unsere Haut und erhellen unser Gemüt. Man bekommt sofort Lust, Schuhe und Strümpfe auszuziehen, um den Sand zwischen den Zehen zu spüren. Für unser leibliches Wohl ist gesorgt. Wir nehmen Platz, graben unsere Füße in den Sand und schauen den vorbeischippernden Frachtern, Schiffen und Segelbooten auf dem **Elbestrom** nach. Der beobachtende Blick, der in die Ferne schweift und dem „Maritim-Kino“ zusieht, lässt uns im Hier und Jetzt ankommen. Gedankenversunken genießen wir den Augenblick.
Ob mit dem Auto, dem Bus, dem Fahrrad, der Fähre oder zu Fuß, die Kajüte S.B.12 ist immer einen Ausflug wert. Ankommen, tief ausatmen, loslassen und sich treiben lassen wird einem hier leicht gemacht. Egal, ob zum leckeren **Essen** mit anschließendem Spaziergang durch das angrenzende malerische Treppenviertel oder einfach zum **Chillen** und Sonnenunterganggenießen mit 'nem leckeren Drink in der Hand: Wer hier ankert, kommt wunderbar zur Ruhe und bei sich selbst an.

Kajüte S.B.12, Strandweg 79, 22587 Hamburg,
Tel. (0 40) 86 64 86 40, www.kajuetesb12.de

Fischbrötchen

7 Meine Atempause

WEG DER STILLE

Wie eine Gehmeditation und Frieden in jedem Schritt fühlt sich dieser Spaziergang in Stille auf dem Parkfriedhof an. Ruhe, Beständigkeit, Wandel und Neubeginn entfalten sich von Moment zu Moment.

„Eingänge sind Übergänge“ steht in großen Buchstaben am Haupteingang. Dank zahlreicher historischer Grabstätten von prominenten Persönlichkeiten, die hier ihre letzte Ruhe gefunden haben, einer außergewöhnlichen Grabmalkunst, mehr als 800 **Skulpturen** und eindrucksvoller **Gartenarchitektur** gilt der Parkfriedhof Ohlsdorf als Gesamtkunstwerk von internationalem Rang. Er ist nicht nur Hamburgs größte Grünanlage, sondern auch ein über die Grenzen Hamburgs hinaus geschätztes Kulturdenkmal und mit seinen 389 Hektar der größte Parkfriedhof der Welt.

Wir tauchen ein in die Welt der mächtigen Baumriesen, blumenreichen Wiesen, blühenden Azaleen, Rhododendren und Rosenbüsche, der naturbelassenen Bachläufe und Hügel. Hier gedeihen 450 Laub- und Nadelgehölzarten, die Teiche und Bäche sind von Wasservögeln belebt. **Fröhliche Vogelgesänge** lassen uns einem Naturkonzert lauschen. „Der vögeldurchjubelste, gepflegteste Urwald der Welt“, wie es einst Wolfgang Borchert beschrieben hat. Zahlreiche Bänke und verwunschene Ecken laden zum Verweilen ein. Wir spüren sofort die andächtige und wohltuende Stille, die diese **grüne Oase** der Ruhe ausstrahlt und uns hilft, die Pause zwischen dem Einatmen und Ausatmen wahrzunehmen.

Für mich!
Friedvolle Ruhe und innere Einkehr erleben

Nichts ist so beständig wie der Wandel. Aufgrund der demografischen Entwicklung und Individualisierung werden immer weniger Flächen und Kapellen für Bestattungen benötigt. Wir erfahren, dass auch der Parkfriedhof Ohlsdorf sich mit der Zeit verändert, sich (ver)wandelt und ein neuer **Ort für Begegnung, Kunst, Lernen und Erholung** werden darf. Gräber, Gedenkorte, Erholungsgebiete und Räume für Lernerfahrungen finden nebeneinander Platz. So entdecken wir in großen Buchstaben die Botschaft: „Stille atmen. Vielfalt erleben“.

Ohlsdorf ist mehr als nur ein Ort für die letzte Ruhe. Hier kann man auf den Spuren der Zeit und Stille wandeln und in sich Frieden finden.

Parkfriedhof Ohlsdorf, Fuhlsbüttler Straße 756, 22337 Hamburg, Tel. (0 40) 59 38 80

DEM BOGENWEG FOLGEN

Pfeil, Bogen und Ziel sein. Anspannen. Nicht zielen. Nichts wollen. Loslassen. Treffen. Das Finden von Ruhe, Fokus und der eigenen Mitte ist Weg und Ziel beim intuitiven Bogenschießen im Freien.

Im Winterhuder Stadtpark, einem ehemals privaten Jagdrevier, sind wir mit Markus Knobelsdorf von der **Erlebniswerft** verabredet. Die „Werft" ist aus der Liebe zum Outdoor-Erleben und -Werken entstanden. Neben Teamevents im Hochseilgarten und Bogenbau bietet Markus Schnupper- und Fortgeschrittenenkurse zum **intuitiven Bogenschießen** an. Für ihn gibt es „keinen schöneren Lohn als das glückliche Lächeln eines Menschen, mit dem man eine erlebnisreiche Zeit verbracht hat".

Um Körper und Geist auf den Tanz der Bogensehne vorzubereiten, beginnen wir mit Lockerungs- und Aufwärmübungen. Anschließend erklärt Markus uns auf seine humorvolle und direkte Art die Technik, wie man den Pfeil erfolgreich ins Ziel bringt, ohne zu zielen. Intuitives Bogenschießen ist der **Schuss aus einer unbewussten Kompetenz.** Intuitiv dadurch, dass wir lernen, unserer mentalen Stärke, unserem Körpergefühl und unserem Instinkt völlig zu vertrauen. Mit einem fest verwurzelten Stand üben wir den Bewegungsablauf und die **Auge-Hand-Koordination,** bevor der Bogen uns findet. Ausgestattet mit Handschuh und Armschutz nehmen wir unseren Platz vor der Zielscheibe ein. Der Pfeil ist an der richtigen Stelle auf die Sehne gesetzt, Zeige-, Mittel- und Ringfinger sind positioniert. Der Ankerpunkt am Mundwinkel gibt uns Orientierung und ist grundlegend für einen sauberen Abgang des Pfeils. Mit wachem Geist und einem klaren, fokussierten Blick auf unser Ziel, losgelöst von Gedanken oder festen Vorstellungen, schießen wir Pfeil um Pfeil, um letztendlich die Fähigkeit des Treffens zu erlangen. Alle zusammen und jeder für sich. Dabei erkennen wir, wie ein zentrierter, **aktiver Geist** in wohltuende Leere gebettet ist und dem natürlichen Rhythmus von Anspannung und Entspannung folgend Energie nie verloren geht. Bogenschießen ist Meditation und achtsame Körperübung zugleich. Unser Körper folgt dem Geist und wird zu einem Instrument des vorhandenen Wissens und der intuitiven Quelle in uns.

Für mich!
In passiver Aktivität Entspannung finden

Intuitives Bogenschießen, Markus Knobelsdorf, Die Erlebniswerft, www.dieerlebniswerft.de, Treffpunkt: Trainingsgelände Hamburger Rugby-Verband „Am Bären"

EIN ZWEITES ZUHAUSE

Die pinke Himbeere (Malina), das i-Tüpfelchen auf jedem Sahnestück, ist Namensgeber für diesen märchenhaften Ort mit Überraschungseffekt. Hier werden schöne Momente zu glücklichen Erinnerungen.

Seit März 2019 ist das **MalinaStories,** eine Mischung aus Café, Bakery und Concept-Store, ein zauberhafter Ort, um in die „Süße des Lebens" einzutauchen. Kerstin Häseker und ihr einzigartiges Team haben den traditionsreichen Ort, eine der ältesten Konditoreien Hamburgs, die Konditorei Weber, zu neuem Leben erweckt. Sofort beim Betreten der mit viel **Liebe zum Detail** eingerichteten Räume werden wir in vergangene Zeiten zurückversetzt. Wie in Omis Wohnzimmer, heimelig in der guten Stube sitzend, fühlen wir uns von Herzen willkommen. Stilvoll treffen antike Möbel und Vintage-Geschirr auf modernen Seelenluxus. Russisch angehauchte Quarkies werden neben britischen Scones gebacken. Der typisch britische **Afternoon-Tee** ist eine der kulinarischen Besonderheiten. Beim Frühstücksbrunch werden die Köstlichkeiten dekorativ auf Etageren in Szene gesetzt. Ein alter Apothekertresen bietet eine Bühne für leckere, selbst gemachte Kuchen, anmutig mit getrockneten Blüten dekoriert. Hier wird das **Verwöhnen von Leib und Seele** zelebriert. In allem steckt so viel Liebe, dass die Wertschätzung dessen wie ein Funke auf uns überspringt.

Für mich!
Von der Schönheit des Lebens verwöhnt werden

Gleich um die Ecke befinden sich die Bakery und der Concept-Store. Wunderschöne Fashion- und Accessoire-Unikate, geprägt mit einer ausgewählten Blüte, deren Bedeutung beim Verschenken erzählt werden darf, können hier neben ausgefallenen Kuchen, Tartes und erlesenem Wein erworben werden. Die herrlich duftende Orangenseife, gewonnen aus den Kaffeesatzresten, zeigt die Wertschätzung unserer Ressourcen in seiner nachhaltigsten und schönsten Form.

Das MalinaStories ist ein kulinarisches und kreatives **Wunderland.** Regelmäßig werden Mini-Workshops zu bunten, gestalterischen Themen angeboten. Insgesamt schwingt im MalinaStories die Leichtigkeit des Seins. Wir verlieren uns im Moment und lassen uns zeitlos treiben. Pure Glücksmomente reihen sich aneinander und schreiben besondere Geschichten.

MalinaStories, Café, Hellbrookstraße 61, Bakery & Concept-Store, Schwalbenstraße 57, 22305 Hamburg, Tel. (0 40) 37 08 98 33, www.malinastories.de

NATÜRLICH SCHÖN

Über die Akupunkte und Reflexzonen des Gesichts den ganzen Körper behandeln. Durch Berührung den Geist entspannen und Sorgenfalten glätten. Schönheit strahlt aus einem Gesicht, das Leben erzählt.

In ihrer Oase, der „Wirkstatt für Heilkunst", dem cordulastudio, dient Cordula Meyer hingebungsvoll der ganzheitlichen Gesundheit und natürlichen Schönheit der Menschen. Die Körpertherapeutin ist auf die **manuellen Therapien der traditionellen chinesischen Medizin** spezialisiert. Neben Tui-Na- und Qi-Gong-Massagebehandlungen bietet Cordula auch Photobiomodulationstherapie an. Sie unterstützt beratend und zeigt einen Weg, sich natürlich schön zu wissen, indem wir innerlich und dadurch auch äußerlich mehr entspannen.

Für mich!

Innere und äußere Harmonie erleben

Wir genießen die **Gua-Sha-Gesichtsmassage,** ein natürliches Facelift mit flachen Horn- und Jadeschabern. Bei angenehmer Musik liegt man auf der Liege in einem schönen, hellen Raum. Cordula legt zuerst ein feuchtes, warmes Tuch auf unser Gesicht. Mit leichtem Druck zieht sie dann den Stein von der Gesichtsmitte nach außen und oben. Mal langsam, mal in rhythmischen Bewegungen behandelt Cordula das ganze Gesicht, den Hals und den Nacken. Die Anwendung stimuliert die Blut- und Lymphzirkulation und entgiftet das stagnierte „Qi". Und auch wenn nur die äußere Hautschicht massiert wird, so wirkt Gua Sha in der Tiefe. Falten und Linien, fahle Hautfarbe, aber auch Kopfschmerzen, Migräne und logopädische Probleme sowie Kieferanspannungen erfahren Linderung. Reinigung, Peeling, Tonic und Maske sind eigens von Claudia mit puren und natürlich botanischen Komponenten angemischt und runden die **ganzheitliche Behandlung** ab.

Tief in die Frequenz von Theta abgetaucht, entspannt sich das Gesicht, Schwellungen und Augenringe verschwinden und aus dem eben noch viel zu aktiven Dauerdenken wird eine angenehm stille Präsenz. Absolut **beseelt und schwebend** definiert sich Schönheit als wohliges Körpergefühl und entspannte Ausstrahlung in einem Gesicht, das Spiegel unserer Emotionen ist. Ganz natürlich.

cordulastudio, Cordula Meyer, Karolinenstraße 9, 20357 Hamburg, Tel. (01 62) 1 85 76 06, www.cordulastudio.com

SICH VERTRAUT MACHEN

Ohne weiteres Dazutun hat diese Oase für friedvolles Verweilen eine heilsame Ausstrahlung. Wer an buddhistischer Weisheit und Training für einen glücklichen Geist interessiert ist, wird hier fündig.

Das tibetische Wort für Meditation lautet „Gom“, was „sich mit etwas vertraut machen“ bedeutet. Über Glück und Leiden entscheidet nach den **Lehren des Buddha** hauptsächlich der Geisteszustand. Buddhistische Meditation hat das Erwachen in die Wirklichkeit zum Ziel. Die Schulung des Geistes führt durch kontinuierliche Praxis zu Ruhe („Samatha“) und Einsicht („Vipassanā“).

Das **Tibetische Zentrum** lehrt und praktiziert in der Traditionslinie des Mahāyāna-Buddhismus nach der tibetischen Überlieferung und ist offen gegenüber allen Traditionen. Seit der Gründung 1977 steht es unter der Schirmherrschaft S.H. des 14. Dalai-Lamas. Heute hat dieser Ort für spirituelle Inspiration mit Geshe Pema Samten und Geshe Sönam Namgyäl hochgradig qualifizierte tibetische Gelehrte. Das Angebot reicht von säkularer Achtsamkeit und Übung bis hin zu tiefgründigem Buddhismus. Die **Schulung eines friedfertigen Geistes** und positiver Emotionen steht im Mittelpunkt.

Für mich!
Ruhe und innere Gelassenheit finden

Aus dem hellen Foyer des Gebäudes führt uns der Weg hinaus in den wunderschönen Garten. Stille empfängt uns. Bäume spenden Schatten. Die Zeit scheint stillzustehen. Fragen steigen empor. Antworten tauchen auf. Wir fühlen uns eingeladen, die Atmosphäre aufzunehmen und den Lehrweg Buddhas im Einklang mit der Natur zu genießen. Über den Garten erreicht man den liebevoll gestalteten **Tempel,** in dem Vorträge, Meditationen und rituelle Ereignisse stattfinden. Unter kundiger Anleitung erleben wir eine **Einführung in die Meditation** zur Entfaltung von Liebe und Mitgefühl, Geduld und Lebensfreude. Auf dem Meditationskissen sitzend bemerken wir, was in unserem Inneren gerade präsent ist. Die Gedanken wandern unentwegt. Wir machen uns vertraut mit allem, was ist und da sein darf, und wie wir allem, was sich zeigt, mit Mitgefühl und Gleichmut begegnen können. Uns ist bewusst: Der meditative Geist ist formbar. Wir können ihn gezielt an **heilsame Zustände** gewöhnen.

Tibetisches Zentrum, Hermann-Balk-Straße 106,
22147 Hamburg, Tel. (0 40) 2 98 43 41 00, www.tibet.de

Achtsamkeit und Vipassanā

Inneren Frieden finden

„GEHE, WENN DU GEHST. SEHE, WENN DU SIEHST. HÖRE, WENN DU HÖRST. SPÜRE, WAS DU BIST.“
(Buddhistische Weisheit)

Jon Kabat-Zinn beschreibt Achtsamkeit als „eine bestimmte Form der Aufmerksamkeit, die absichtsvoll ist, sich auf den gegenwärtigen Moment bezieht und nicht wertend ist“. Historisch betrachtet ist Achtsamkeit vor allem in der buddhistischen Lehre und Meditationspraxis zu finden und ist eine allgemeinmenschliche Fähigkeit und geistige Qualität zur Verminderung von Leiden. Der Begriff „Achtsamkeit“ ist dabei ursprünglich eine Übersetzung des buddhistischen Wortes „Sati“, das „Gedächtnis, Erinnerung“ bedeutet. Die Verbindung dieser beiden Bedeutungen ist die „Vergegenwärtigung“.

Der Buddhismus kann als eine kontemplative Wissenschaft des Geistes und als Weg zur Transformation verstanden werden. Achtsamkeit ist ein Herzstück in der Lehre des Buddha und der Begriff „rechte Achtsamkeit“

drückt die Verbindung von Achtsamkeit mit einer heilsamen, altruistischen Motivation aus. Im „edlen achtfachen Pfad" ist „rechte Achtsamkeit" das aufmerksame, unvoreingenommene Beobachten aller Phänomene, um sie wahrzunehmen und zu erfahren, wie sie in Wirklichkeit sind, ohne sie emotional oder intellektuell zu verzerren. Zwei Lehrreden des Buddha, das „Anapanasati Sutta" (über die Achtsamkeit des Atmens) und das „Satipatthana Sutta" (Rede von den Vergegenwärtigungen der Achtsamkeit), beschreiben die Achtsamkeit und ihre Praxis anhand von vier Beobachtungsbereichen:

1. **Körper** (bewusstes Ein- und Ausatmen, Körperhaltung, Körpertätigkeiten),
2. **Gefühle/Empfindungen** (Bewertung als angenehm, unangenehm, neutral),
3. **Geist** (dessen aktueller Zustand bzw. Veränderungen des Zustands, z. B. abgelenkt, konzentriert, verwirrt bzw. heilsam/unheilsam, gesammelt/nicht gesammelt, und emotionale Färbungen wie Freude, Wut oder Langeweile),
4. **Geistesobjekte** (d. h. alle äußeren und inneren Objekte/Dinge, die im Moment wahrgenommen werden).

„Vipassanā" bedeutet wörtlich „klare, höhere Einsicht" und wird frei mit „Achtsamkeits- oder Einsichtsmeditation" übersetzt. Sie dient zur Einübung und Entwicklung von Achtsamkeit, da ein Geisteszustand kultiviert wird, der eine klare Sicht und eine Erfassung der äußeren Situation und der inneren mentalen und emotionalen Phänomene ermöglicht. Vipassanā ist damit ein Weg der Selbstveränderung durch Selbstbeobachtung. Durch das Einüben von bedingungsloser Akzeptanz führt die Achtsamkeitspraxis zu einer inneren Haltung von „liebender Güte". Mit Sanftmut und Flexibilität kann sich die Achtsamkeit jeder Erfahrung öffnen. Durch diese Geistes- und Herzensqualität können sich unbewusste Widerstände lösen und alte Denk- und Gewohnheitsmuster durchbrochen und verändert werden. Ein zentraler Bestandteil des achtsamen Entwicklungsweges ist die Kultivierung von Mitgefühl, Mitfreude und innerem Frieden (Gelassenheit und Gleichmut), die natürlichen Grundlagen menschlichen Glücks.

12 *Meine Atempause*

FREILUFTTAXIFAHRT

Wir haben die rollende Stadtexpedition als Genießertour gebucht. Manchmal muss man sich einfach fahren lassen, und schon zeigt sich der Facettenreichtum Hamburgs beim Zurücklehnen und Entspannen.

Wir treffen Burkhard Welz an der St.-Annen-Brücke in der Speicherstadt. Seine Leidenschaft für das Freilufttaxifahren ist sofort spürbar. Die Stadt nachhaltig, umweltfreundlich und ohne Staus immer wieder aus anderen Blickwinkeln neu zu entdecken, macht den besonderen Reiz des Rikschafahrens aus. Burkhards **Rikscha** hat einen nostalgischen Look. Die Fahrerkabine bietet Platz für zwei Personen. Kissen und Decken machen es bei Bedarf warm und gemütlich. Das Dach von oben bietet Schutz vor Wind und Wetter. Ausgestattet mit heißem Tee geht unsere etwa **zweistündige Tour** nach Teufelsbrück los. Es ist erst mal gewöhnungsbedürftig, relativ nah am Asphalt zu sitzen, mitten im Stadtgeschehen zu sein, aber nicht selbst zu steuern. Doch Burkhards sichere Art macht es uns leicht, uns auf das innere Abenteuer und die äußere Entdeckungstour einzulassen.

Für mich!

Die Schätze der Stadt zu dir kommen lassen

Durch die historische **Speicherstadt** über Brücken und das Kopfsteinpflaster kleiner, verwinkelter Gassen geht es in die stets wachsende **Hafencity.** Wir lassen uns an Sehenswürdigkeiten wie dem Fleetschlösschen und der **Elbphilharmonie** vorbeichauffieren. Nach den Landungsbrücken und dem Fischmarkt geht es weiter in Richtung **Museumshafen.** Entlang des weißen Elbstrands mit der Strandperle auf der einen und malerischen Häusern auf der anderen Seite radeln wir durch Övelgönne. Es ist ein zusätzliches Geschenk, wahrzunehmen, welche Wirkung **Freilufttaxifahren** auf die Menschen hat, die uns begegnen. Auf eine kurze Überraschung folgt immer ein glückseliges Lächeln. Auf unseren Wunsch halten wir an, um den Blick über die Elbe schweifen zu lassen. Wir passieren den Alten Schweden und herrschaftliche Anwesen am waldigen Hang, bis sich der Blick auf **Teufelsbrück** mit dem Fähranleger öffnet.
Auf der Rückfahrt durchqueren wir Othmarschen und Ottensen. Über die prächtige Elbchaussee und den Altonaer Balkon führt uns die Tour mit Hafenpanorama zurück zum Ausgangspunkt.

Rikscha Hamburg, Burkhard Welz,
Tel. (01 52) 56 72 97 69, www.rikscha-hamburg.de

FREILUFT · TAXI
RIKSCHA
RIKSCHA

13 *Meine Atempause*

ZAUBERHAUCHIMPULSE

Dem Herzen lauschen und dem Körper dienen. Bei einer Aroma-Öl-Massage im Kokoro Körperheilraum abschalten, sich spüren und wahrnehmen. In liebevoller Obhut wieder im friedvollen Lebensfluss sein.

„Kokoro" ist im Japanischen die Bezeichnung für den „Verstand" des Herzens, die Herzintelligenz. Christina Holsten hat inmitten von Winterhude einen Raum für integrative Körperarbeit, innere Aufstellungen und ganzheitliche **Aroma-Öl-Massagen** mit den ätherischen Ölen von Young Living erschaffen. Sie verbindet Elemente aus dem Bereich des Shiatsu, der klassischen und der Thai-Massage mit energetischer Körperarbeit.
In dem schönen, atmosphärischen Raum empfängt sie uns ganz offenherzig bei einer Tasse duftendem Tee. Leise, heilsame Klänge schwingen im Hintergrund. Eine Behandlung bei Christina bezieht sich immer auf **Körper, Geist und Seele.** Die gemeinsame Begegnung eröffnet sie mit einem einführenden Gespräch, in dem unser Anliegen liebevoll betrachtet und geschaut wird, was wir brauchen. Dabei dienen die Aroma-Öle als „essenzielle und duftende Vermittler", um die innere Ordnung wiederherzustellen. Ätherische Öle sind natürliche Substanzen, die von Pflanzen gebildet werden und die gebündelte Lebenskraft der ganzen Pflanze beinhalten.

Für mich!
Bewusst und frei durch Berührung und Duft

Mit den gewählten Düften geht es in die **Körperarbeit und Transformation.** Über die Haut dringen die wohlriechenden Öle schnell tief in das Gewebe ein. Vor allem aber entfaltet ihr Duft **heilsame Wirkung.** Wir genießen die intensive Schwingungsenergie dieser konzentrierten Pflanzenessenzen. Diese kostbaren Naturprodukte fördern das Gefühl, konzentriert, geerdet und zentriert zu sein. Ebenso beruhigen sie uns, bringen unsere Emotionen wieder ins Gleichgewicht und unterstützen uns, höhere Bewusstseinszustände zu erreichen. Während der **Massagebehandlung** „liest" Christina unseren Körper und empfängt harmonisierende Botschaften, die über die physische Aktivierung der Meridiane und das Auflösen von Blockaden ihren Weg in die Integration finden. Wir fühlen uns innerlich aufgeräumt, körperlich und geistig befreit und energetisiert. Die Quellen unserer Lebensenergie sprudeln wieder.

Kokoro Körperheilraum, Christina Holsten, Preystraße 4,
22303 Hamburg, Tel. (01 79) 3 91 30 90, www.koerperheilraum.de

kokoro
kokoro.
Praxis für Shiatsu
und integrative Körperarbeit

CAFÉ UNTERM BLUMENDACH

Eintauchen in ein lauschiges und friedliches Wunderland. Im Garten des Blumenladens von der Liebe zum Detail und zum Menschsein inspiriert werden und bei Kaffee oder Wein zur Ruhe kommen.

Denny's Café & Wein befindet sich mitten in Uhlenhorst, einem mit Kanälen durchzogenen, pittoresken und doch gediegenen Viertel an der östlichen Außenalster. Hier gibt es zahlreiche individuelle, inhabergeführte Läden, die zum Stöbern einladen. Beim Schaufensterbummel über die **Papenhuder Straße** werden wir von einer ungewöhnlichen, wunderschönen und dabei sehr liebevoll gestalteten Blumendekoration angezogen. Der Florist Ronald F. Lahann und sein Team haben hier an der Ecke zum Uhlenhorster Weg ein wahres **Blumen- und Gartencaféparadies** geschaffen. Hier kann man in direkter Nähe zum Trubel des Straßenlebens inspirierendes „Sozialkino" bei einem Aperol Spritz erleben oder den Tag bei einem guten Glas Wein ausklingen lassen.

Für mich!
Sich floral und kulinarisch verwöhnen lassen

Hat man das Bedürfnis nach Reizreduktion, findet man in dem bohemen **Gartenpavillon** verwunschene Stille. Durch den berankten Rundbogen treten wir in eine Oase aus schmiedeeisernen Stühlen und Tischen, Statuen und Gartenschmuck. Unter einem farbenfrohen Blüten- und Blätterdach können wir dem Alltag entfliehen. Ob prachtvolle **florale Inszenierung,** rustikale Gießkannen, verspielte Wasserläufe oder Inspirationsschilder – wir kommen aus dem Staunen gar nicht mehr heraus. Pinke Rosenblüten schwimmen im Springbrunnen und verströmen einen verzaubernden Duft. Hausgemachte Kuchen wie der New York Cheesecake mit roter Grütze oder auch deftiges Omelett sorgen für das **leibliche Wohl.**
Wer es besonders romantisch mag, der kann die Zweisamkeit im „Kuschelzimmer" bei frisch gebackenen Waffeln und auserlesenen Kaffeespezialitäten wie dem Con Panna genießen. Besonders ist, dass sich dieses einzigartige Idyll im Winter als gemütlicher Weihnachtsmarkt entpuppt.
Der besonders charmante Service hat nur eins im Sinn: Hier darf es uns gut gehen. Damit wir uns daran erinnern, nehmen wir die bunte Laune der Natur als Blumenstrauß mit nach Hause.

Denny's Café & Wein, Papenhuder Straße 58,
22087 Hamburg, Tel. (0 40) 22 27 96

SAG'S MAL ANDERS!
DANKE
Rosen
8,50

15 *Meine Atempause*

BEWALDETE NATUROASE

Wer Ruhe und Erholung sucht, der entspannt sich hier sehenden Auges. Eingerahmt von der Kollau, einem kleinen Bachlauf, offenbart sich ein Spaziergang durch Wald und Wiesen als wahre Sinnenfreude.

Wenn man genau hinschaut, verraten es der alte, teils ausländische Baumbestand, die systemisch angelegten Alleen und die Wiesenflächen: Das **Niendorfer Gehege** ist eine ehemalige Parkanalage. Im Nordwesten von Hamburg befindet sich dieses knapp 150 Hektar große bewaldete **Naherholungsgebiet,** in dem teilweise bis zu 200 Jahre alte Buchen, Fichten und Eichen ihre Geschichten erzählen. Wiesen, Teiche und landwirtschaftliche Flächen lockern den waldigen Park auf.

Da das Gehege hauptsächlich **Laubbäume** beherbergt, kann man hier den Wandel der Natur innerhalb der Jahreszeiten besonders schön erleben. So sinkt man in den wärmeren Monaten in sattes Grün und lässt in den kälteren Monaten das knisternde Laub unter den Fußsohlen toben.

Für mich!

Augen-, herz- und sinnöffnend schweifen

Auf rund 15 Kilometer langen **Wanderwegen** kann man das Gebiet zu Fuß oder auf dem Fahrrad erforschen. Buschwindröschen, Moschuskraut und Wald-Sauerklee säumen den Weg im Frühjahr und werden von Maiglöckchen, Schattenblümchen und Goldnessel im Mai abgelöst.

Mit etwas Glück kann man den Bunt- oder Grünspecht beobachten und dem lockenden Ruf eines Waldkauzes lauschen. Vielleicht sichtet man auch Habicht, Hase oder gar einen Fuchs. Am Boden kann man Grasfrösche oder Erdkröten entdecken. Auf einer Waldlichtung im Innern des Reviers befindet sich das **Damwildgehege.** Hier können die scheuen Hirsche und Rehe aus unmittelbarer Nähe beobachtet werden.

Die Waldpflege übernimmt im Niendorfer Gehege der Pferderücker. Statt schwerer Geräte und Maschinen holen Rückepferde wie Konrad gefällte oder gefallene Bäume wald- und baumschonend aus dem Wald.

Für Hunde gibt es ein Freilaufgebiet, Kinder können sich zusätzlich auf zwei **Spielplätzen** austoben oder auf dem Rücken eines Ponys den Wald erkunden. Und wen die frische Waldluft hungrig gemacht hat, der kehrt im Waldcafé Corell ein.

Niendorfer Gehege, Bondenwald 108,
22453 Hamburg, www.hamburg.de/niendorfer-gehege/

ALLUMFASSENDE FREUDE

Mitten in Winterhude liegt direkt neben kleinen Shops und Cafés das Anand. „Anand" bedeutet „Erfüllung und grenzenlose Freude". Mit einem entspannten Selbst leuchtet unser inneres Juwel.

Die ehemalige Doktorandin Atma Kaur ist hier „nach Hause gekommen". In den wunderschönen, lichtdurchfluteten Räumen mit Blick auf einen satten Garten direkt am Kanal laden sie und ihr Team mit **Kundalini Yoga,** Schwangeren-Yoga und allgemeinen Techniken des yogischen Lebens dazu ein, immer bewusster zu werden, die Unendlichkeit und Weisheit in allem zu ehren und unser Potenzial ganz auszuschöpfen.

Wir besuchen den Kundalini-Yogakurs bei Atma persönlich. Die Augen geschlossen, stimmen wir uns über das Chanten eines Mantras ein. Immer wieder erinnert uns Atma während der folgenden Kriyas daran, unseren inneren Blick auf das dritte Auge, den Platz zwischen den Augenbrauen, zu richten und nach innen zu spüren. Wir denken „Sat" beim Ein- und „Nam" beim Ausatmen, um unsere Gedanken zu fokussieren. Der Schwerpunkt des Yogasets liegt heute auf **Kraft und Immunstärkung.** So startet die Kriya-Übung Katze-Kuh sanft, wird immer dynamischer, mobilisiert die Wirbelsäule und stärkt den Rücken. Die Atemübung (Pranayama) Lion's Breath, bei der wir die Zunge weit herausstrecken und den Sound „Haaaa" wie ein brüllender Löwe wiederholen, verwandelt Wut und negative Energie in **Selbstbewusstsein und Sicherheit.** Es ist auf eine sanfte Weise erlösend, sich dem Ausführen der verschiedenen Übungen hinzugeben.

Für mich!
Lächelnd mühelose Anstrengung genießen

Es geht ums Spüren, um die Eigenwahrnehmung. Wir sind angehalten, im eigenen Körper und Empfinden zu bleiben und von der äußeren in die innere Ausrichtung zu kommen. Unser Körper wird durch Erspüren korrigiert, nicht durch den Verstand. So kommen wir in einen anderen Fluss und unsere Energiebahnen erfahren **Balance und Vitalisierung** zugleich. Das Nabelchakra (Manipura-Chakra), unser Kraftzentrum, wird aktiviert. Die **Funken der Lebensfreude** und Tiefe, die Atma verkörpert, springen mit Leichtigkeit auf uns über. Mit dem wunderschönen Mantra „Long Time Sun" stimmen wir uns meditativ aus.

Kundalini Yoga, Atma Kaur im **Anand,** Zentrum für Yoga und natürlich leben, Gertigstraße 20, 22303 Hamburg, Tel. (0 40) 22 60 65 52, www.yoga-hamburg-winterhude.de

Sat Nam oder wer bist du wirklich?

Meditation „Begegne deiner Seele"

DURCH KUNDALINI YOGA INNERE RUHE ERFAHREN

Kundalini ist ein Übungssystem aus Bewegung, Atem, Meditation und Klang, das den menschlichen Körper und Geist optimiert. Es ist eine uralte Erfahrungswissenschaft aus Nordindien, die über Jahrtausende nur Auserwählten zugänglich gemacht und im Geheimen vom Guru weitergegeben wurde. Erst 1969 beschloss Yogi Bhajan, diese Lehren an so viele Menschen wie möglich weiterzugeben. Er sah den Umbruch, den unsere Welt mit all der Informationsflut machen würde, und den Druck, den das auf uns Menschen ausüben würde, voraus und sah sich berufen, die Kundalini-Technologie zu unterrichten, um Menschen darin zu unterstützen, diesem äußeren Druck gelassener zu begegnen. So kam die östliche Tradition in unsere westliche Welt.

Eine Kriya, eine Übungsreihe im Kundalini, vereint Asanas, Mudras (Handhaltungen), Mantren, Bhandas (innerliche Energieleitungen), Pranayamas (Atemübungen) und die Fokussierung auf das dritte Auge.

Kundalini Yoga unterscheidet sich im Wesentlichen dahingehend von anderen Yogatraditionen, dass es nicht nur den Körper trainiert, sondern immer auch die Verbindung mit dem universellen Bewusstsein mit anregt.

Kundalini leitet sich vom Wort „Kundal“ ab. „Kundal“ bedeutet poetisch „die aufgerollte Locke im Haar des Geliebten“. „Kundalini“, auch „Kundali Shakti“, kommt aus dem Sanskrit und heißt wörtlich übersetzt: „die Aufgerollte, die schlafende Schlangenkraft“. Auf der Höhe des vierten Lendenwirbels wohnt diese schöpferische Kraft im Menschen, die durch Kundalini Yoga erweckt werden kann. So wird Kundalini Yoga praktiziert, um die Lebensenergie, das Kundalini, in den Chakren unseres Körpers fließen zu lassen. Chakren sind die Energiezentren des Körpers, denen spezifische Funktionen für unser Leben, unseren Körper und unterschiedliche Bewusstseinsebenen zugeordnet sind. Diese werden im Kundalini Yoga nach und nach erforscht und erarbeitet. Die Kriyas sind immer darauf ausgelegt, uns systematisch vorzubereiten, das gesamte Körper-Geist-System zu reinigen und zu stärken sowie unsere Energien zu erwecken und zu lenken. Ziel ist es, die schlafende Kundalini-Energie ins oberste Chakra zu bringen. Dazu müssen die unteren Chakren aber zunächst geöffnet werden, damit sie den Energiefluss nicht blockieren.
Neben Dehn- und Streckübungen regen die oftmals sehr dynamischen Übungen den Kreislauf an und bringen den Körper ins Schwitzen. Direkt spürbar wirken Kundalini-Übungen ausgleichend auf die Hirnchemie und das Drüsensystem und bringen diese ebenso zurück ins Lot wie den Stoffwechsel und das Herz-Kreislauf-System.
Da es spezielle Kriyas für jede Art emotionaler oder körperlicher Beschwerden gibt, lassen sie sich wunderbar in den Alltag integrieren. Traditionell trägt man im Kundalini Yoga weiße Kleidung, da Weiß einen positiven Effekt auf unsere Aura hat und dadurch, dass Weiß alle Farben in sich vereint, das Bewusstsein erweitert wird.
Kundalini Yoga liefert die Gebrauchsanweisung für ein ausgeglicheneres Gefühlsleben und einen klareren Geist.

DUFTENDES FARBENMEER

Eine Explosion von Farben in jeder Himmelsrichtung bewundern. Sich vom bunten Spektakel berauschen und vom ausdrucksstarken Wesen der Dahlie mit allen Sinnen verzaubern lassen.

Wie ein Feuerwerk versprühen diese floralen Wundertüten ihre **Farbenpracht,** und das auch dann noch, wenn die Natur beginnt, sich langsam in die Winterruhe zurückzuziehen. Länger als die meisten anderen Blumen wartet die Dahlie auf ihren großen Auftritt. Von Mitte Juli bis Ende Oktober ist im Dahliengarten im Hamburger Volkspark „Showtime".
Mehr als **11.000 Dahlien** aus 600 verschiedenen Sorten recken auf 15.000 Quadratmetern ihre barocken Blütenpompons in den Hamburger Himmel. Die einzelnen Dahliensorten haben jeweils eigene Beete, so gibt es ein Pomponbeet, ein Kaktusbeet und ein Ballbeet. 1932 gegründet, ist er in Europa der älteste Garten seiner Art, steht seit 2002 unter Denkmalschutz und hat einiges an besonderen Persönlichkeiten zu bieten. Hier trifft man im **Prominentenbeet** Exemplare mit den Namen Loki Schmidt, Heidi Kabel, Uwe Seeler oder Otto Waalkes.

Für mich!
Blütenfeuerwerk für die Seele

Beim Wandeln und Schlendern durch das Blumenmeer laden Bänke und Liegestühle zum **Innehalten und Verweilen** ein. Es ist eine Wohltat für Herz und Seele, diese prächtigen Farbenspiele in ihrer Einzigartigkeit, Formen- und Farbenvielfalt zu bestaunen. Die Dahlie verbreitet ihren farbenfrohen Glanz, indem sie ihre Blätter in alle Himmelsrichtungen öffnet. Sie blühen leuchtend gelb, knallorange, zartrosa, magenta oder feurig lila, die einen haben lange, spitze Blätter, andere kompakte, wuschelige Blütenbälle.
Wir werden inspiriert und erahnen, welche bunte Vielfalt, Fülle und Kreativität in uns selbst auf Entwicklung wartet. Von der Exotin können wir lernen, Rückschau zu halten und die Früchte vergangener Reifungsprozesse einzusammeln. Zugleich lehrt uns die „Liebesbotin" Dankbarkeit, Nächstenliebe und das Vertrauen in unseren Lebensweg. Sie ist eine **Heldin des Alltags,** unerschrocken steht sie da und hat ihre Knolle fest in Mutter Erde verankert, sodass sie bei allem Neuen und dem Entfalten ihrer Schönheit immer mit der Weisheit des Ursprünglichen verbunden ist.

Dahliengarten im Altonaer Volkspark, Stadionstraße 10, 22525 Hamburg, Tel. (0 40) 4 28 11 36 13, www.hamburg.de/altona/dahliengarten

18 *Meine Atempause*

AUF DEM TEEWEG

Im Teehaus im Japanischen Garten werden die Lasten des Alltags einfach an der Schwelle abgegeben. Voller Achtsamkeit und Demut besinnen wir uns bei dem feierlichen Teeritual auf das Wesentliche.

Der **Japanische Garten in Planten un Blomen** wurde 1988 von Gartenarchitekt Yoshikuni Araki gestaltet und ist der größte seiner Art in Europa. Durch die asymmetrische Anordnung von Steinen, Felsen, verschiedenen Pflanzen, Moos und fließenden Gewässern entsteht ein harmonisches Gesamtbild. Im Mittelpunkt liegt ein Wasserbecken, an dessen Ufer seit 1990 das japanische Teehaus steht.

Der Weg zum Teehaus führt über einen Gartenpfad, welcher die erste Stufe der Erleuchtung (Abstreifen des Alltags) symbolisiert und auf die **Teezeremonie** („Sadō", dt. „Teeweg") vorbereitet. Eine Schiebetür trennt den ruhigen Innenraum von der Welt außerhalb. Türen und Fenster bestehen aus dünnen Zederholzleisten, die mit durchscheinendem Japanpapier beklebt sind. Dies ermöglich keinen Blick von und nach außen, streut aber das Licht gleichmäßig in den Raum.

Für mich!
Den Geist des Tees schmecken und ruhig werden

Wir nehmen im Warteraum Platz und werden vom Gastgeber mit heißem Wasser, das später zur Teebereitung verwendet wird, begrüßt. Anschließend gehen wir zurück auf den Gartenpfad, wo eine Wartebank steht. Währenddessen füllt der **Zeremonienmeister** frisches Wasser in ein steinernes Bassin und legt eine Schöpfkelle bereit. Wortlos trägt er die noch fehlenden **Teeutensilien** in den Teeraum. Die Utensilien werden so angeordnet, dass sie pragmatische als auch harmonische Bewegungsabläufe während der Teezubereitung ermöglichen. Wir reinigen mit dem frischen Wasser Mund und Hände. Symbolisch waschen wir damit alles Üble, was wir getan oder gesagt haben, ab. Nach einem fünfmaligen **Ertönen eines Gongs** betreten wir den Teeraum und lassen uns voller Demut und Respekt auf die Knie nieder.

Der Matcha, fein gemahlener Grüntee, wird in einer Schale gereicht. In edlem Schweigen genießen wir Schluck für Schluck den Augenblick und finden in dem Ritual das Wesen des Teewegs („Wakeiseijaku"): „Wa" (Harmonie), „Kei" (Respekt), „Sei" (Reinheit) und „Jaku" (Stille).

Japanischer Garten und Teehaus, Marseiller Straße 7,
20355 Hamburg, Tel. (0 40) 4 28 54 47 23

INS BLAUE SCHAUKELN

Der Name der Straße „Schöne Aussicht" ist an der Alsterperle Programm. Hier kann man sich direkt am Wasser wie zu Hause fühlen. Unser innerer Kompass richtet sich auf Entspannen und Wohlfühlen aus.

An der südlichen Ostseite von der Außenalster direkt am Trimm-dich-Pfad am Schwanenwik liegt diese kleine **Draußen-Gastronomie-Perle.** Was ursprünglich mal ein Klohäuschen war, entpuppt sich nun schon seit über einem Jahrzehnt als das einzigartige Outdoor-Wohnzimmer der Hansestadt. Hier ist man mittendrin und doch in einer ganz anderen Welt. Der Trubel der Stadt im Rücken ist schnell vergessen. Direkt am Wasser gelegen mit einem freien und weiten **Blick auf Hamburgs Silhouette** und die davor tanzenden weißen Segelschiffchen und umrahmt von großen Bäumen, wird hier auf kleinster Fläche gekocht, gegrillt und gechillt. Findet sich kein Platz mehr auf der Außenbestuhlung oder den begehrten Alsterbänken, kann man auch in der ersten Reihe mit einem Drink auf einer kleinen Mauer sitzend Beine und Seele baumeln lassen. Bei Erbsensuppe oder portugiesischem Gebäck verweilt man hier mitten im Grünen. Die **Stadtkulisse mit Fernsehturm, Michel und Elbphilharmonie** präsentiert sich malerisch in der Ferne zwischen dem Blau der Alster und dem Blau des Himmels.

Für mich!

Ankommen, loslassen und glücklich sein

Wer hier auf seinem **Alsterspaziergang** vorbeikommt, bleibt garantiert hängen. Egal zu welcher Jahres- oder Tageszeit und Wetterlage, ein Besuch an diesem Wohlfühlort lohnt sich immer. So kann man sich hier tagsüber gemütlich vom Live-Outdoor-Kino berieseln lassen und abends eingemummelt in eine Decke atemberaubende Sonnenuntergänge erleben. Schwäne gleiten majestätisch vorbei, putzige Entenfamilien suchen Essbares, Paddler und SUPler genießen so wie wir den Moment. Gedankenversunken mit umherschweifendem Blick kommen wir zur Ruhe.

Ein besonderes Highlight sind für uns die angrenzenden **Schaukeln am Alsterufer.** Bei schönstem Ausblick ist es ein bisschen wie Fliegen. Unser inneres Kind wird wachgeküsst und wir wiegen uns verspielt in der Leichtigkeit des Seins. Es kribbelt im Bauch. Wir fühlen uns entspannt und glücklich.

Alsterperle, Eduard-Rhein-Ufer 1, 22087 Hamburg,
Tel. (0 40) 22 74 82 73, www.alsterperle.com

20 *Meine Atempause*

SUNDOWNER SUP

Die Schönheit von Hamburgs Natur vom Wasser aus entdecken, den Blick auf die wilde Uferlandschaft gerichtet und umgeben von Altervillen den Sonnenuntergang genießen. Ein perfekter Tagesausklang!

Ursprünglich kommt das **Stand-up-Paddling** aus dem Pazifischen Ozean, von Inselvölkern wie den Polynesiern. Die Fischer bewegten sich stehend auf ihren Kanus durch die Gewässer. Neu aufgegriffen wurde die Bewegungsform in den 1960er-Jahren von Surflehrern auf Hawaii. SUP ist längst kein Trend mehr und entpuppt sich als **Ganzkörper-Workout.** Die seichten Bewegungen des Wassers müssen bewusst ausgeglichen werden, sodass die gesamte Rumpfmuskulatur bis in die Tiefe schonend trainiert wird. Auch Beine, Schultern und Arme werden beansprucht und die Koordinations- und Gleichgewichtsfähigkeit geschult.

Für mich!
Gelassen auf dem Wasser gleiten

Die Hansestadt ist mit ihren unendlichen Wasserstraßen eine wahre SUP-Perle. Mitten in der Stadt laden **Stadtparksee, Alster und Alsterkanäle** zu gemütlichen Entdeckungstouren ein. Inmitten von Winterhude, in einer traumhaften Beach-Location an der Alster, schwingt der Surfer-Spirit. Bei den SUP-Legionären an der Mühlenkampbrücke bekommt man alles, was man für einen Paddeltrip mit „Hang-loose-Garantie" braucht. Spaß, Entspannung, Fitness und Erholung in urbaner Atmosphäre werden mit Natur kombiniert. Direkt am Alsterufer mit Zugang zu den Kanälen kann man Kurse belegen oder einfach stundenweise Board und Paddel mieten.
Vom SUP-Board aus lässt sich die Stadt aus einem völlig neuen Blickwinkel betrachten. Das hektische Treiben des Alltags gleitet in den Hintergrund. Die langsamen und **achtsamen Paddelzüge** lassen die Bewegungen des Geistes zur Ruhe kommen. Wir werden eins mit dem Moment und nehmen die friedvolle Atmosphäre dieses lauschigen Sommerabends in uns auf. Lässig und entspannt unterwegs zu sein, befreit den Geist, öffnet unser Herz und verbindet uns mit der Verwandlungskraft des Wassers. Die lebensspendende und wunderbar ausgleichende **Energie des fluiden Elements** überträgt sich auf uns. Sorglos lassen wir uns treiben und schauen dem prächtigen Farbenspiel der untergehenden Sonne zu.

SUP Legion, Körnerstraße 1, 22301 Hamburg,
Tel. (01 52) 57 00 63 21, www.sup-legion.com

HEILSAME HERZENERGIE

Thai Yoga ist Berührung mit liebender Güte, ist die Kunst, den Moment zu ehren. Massage trifft auf Fühlen und Loslassen. Der Körper entgiftet, der Geist wird geklärt und die Seele beginnt zu tanzen.

Zwischen Elbe und dem Naturschutzgebiet Kirchwerder Wiesen liegt das Healing House. Inez Heinze hat das schöne Eckhaus in eine **Wohlfühloase** und Netzwerkstätte für Körper, Geist und Seele verwandelt. Hier lehrt sie Yoga, gibt Ernährungscoachings sowie Kochkurse auf Basis von Ayurveda und praktiziert **Thai Yoga Bodywork.**

Thai Yoga ist „die Kunst, mit zwei Händen und dem Herzen zu berühren". Das Wissen über diese 2500 Jahre alte ganzheitliche **Methode der thailändischen Medizin** wurde über Generationen hinweg weitergegeben. Dabei treffen Geber und Empfänger gleichermaßen in einem harmonischen Fluss von Atmung und Bewegung zusammen.

„Alles ist Energie", sagt Inez und genau diese sanfte, **achtsame Haltung** empfängt uns. Das Healing House scheint wie aufgeladen von schöner Schwingung, einladend, Geborgenheit schenkend. Über den klar gehaltenen, kuschelig warmen Yogaraum wacht die Blume des Lebens. Der Holzboden schenkt Erdung. Es duftet nach Grapefruit.

Nach einem kurzen Vorgespräch legt man sich in bequemer Kleidung auf eine weiche Bodenmatte. Nun beginnt ein fließender, langsamer **„Atem-Tanz".** Während der Körper sanft gedehnt, gestreckt oder verdreht wird und man passiv durch verschiedene Yogaübungen geführt wird, kommt der Geist durch Meditation und Energiearbeit zur Ruhe. Die Hauptenergielinien werden mit Handballen-, Daumen- oder Ellbogendruck massiert. Sowohl körperliche Probleme als auch emotionale Blockaden können so begleitet und gelöst werden. Metta, die **Energie der liebenden Güte,** ist hier das wichtigste Element.

90 Minuten berührt, gehalten und achtsam auf allen Ebenen des Seins mitfühlend begleitet zu werden, trägt uns in einen anderen Space. Aus dieser heilsamen Session nimmt man genau das mit, was das eigene System gerade braucht. Schwebend und doch ganz geerdet, wie verliebt in das Leben, körperlich und geistig stimuliert, fühlt man sich wie eine friedvolle Kriegerin.

Für mich!
In Präsenz, Achtsamkeit und Hingabe bewegt werden

Thai Yoga Bodywork, Inez Heinze im **Healing House,** Süderquerweg 363, 21037 Hamburg, Tel. (01 76) 23 28 15 99, www.healinghouse-hamburg.de

22 *Meine Atempause*

KÖSTLICHE VEREHRUNG

Mit der „Lehre vom langen Leben“ nähren wir unsere Lebenskraft. Die ayurvedischen Köstlichkeiten im Osho Ayu-Leela sind eine Genussfreude für die Sinne und bereichern uns mit heilsamer Energie.

In den uralten „Upanishaden“ (heilige Schriften der Hindus) steht geschrieben: „Annam Brahma“ – „Nahrung ist eine Materialisierung Gottes“. Deshalb sollte man die Gaben von Mutter Natur gewissenhaft zubereiten und bewusst genießen. Auch die heilende Wirkung hängt wesentlich von der geistigen Ausrichtung des Empfängers ab. Swami Hari Bhakta und Ma Prem Ruchira haben mit dem **Osho Ayu-Leela** einen **ayurvedischen Genusstempel** in Uhlenhorst erschaffen. Alles schwingt erfüllt von der gelebten Weisheit über die Wissenschaft für gesunde Ernährung, die Swami Hari Bhakta aus seinem Heimatort Gujarat, einem der wichtigsten Orte für Ayurveda in Indien, mitgebracht hat.

Mit einem „Welcome to our home“ und dem **indischen Leitspruch „Guest is God“** fühlen wir uns direkt von Herzen willkommen. Es ist spürbar, dass alle Mitwirkenden hier ihre Passion gefunden haben und die Arbeit im Restaurant nicht als „work“, sondern als „worship“ (Verehrung) empfinden.

Für mich!

Lustvoll speisen mit einem Gebet im Herzen

Wir wählen aus der **traditionell ayurvedischen vegetarischen Küche** das Himalaya Kofta und das Meghdhanu Korma. Die liebevoll zubereiteten Spezialitäten werden feierlich in kleinen goldenen, gusseisernen Pfännchen, die auf einem Stövchen stehen, serviert. Dazu gibt es herrlich duftenden Basmatireis und bekömmliches vedisches Wasser. Wir geben uns voller Dankbarkeit und Freude diesem **Augen- und Gaumenschmaus** hin. Die leckeren in Ghee gebackenen Gemüsetürmchen in aromatisch milder Tomaten-Kokos-Sauce und die indischen Gemüsesorten in cremiger Tomaten-Curry-Sauce sind eine vorzüglich abgestimmte Geschmackskomposition. Unsere Sinne gehen auf kulinarische Entdeckungstour. Andächtig genießen wir die feinen Leckerbissen, weil Nahrung Leben ist. Höchster Genuss, wunderbar nährend und wohltuend, mit heilenden Eigenschaften.

Restaurant Osho Ayu-Leela, Mundsburger Damm 41,
22087 Hamburg, Tel. (0 40) 2 29 81 09, www.ayuleela.de

Ayurvedische Küchenkunst

Achtsam genießen

SICH IM EINKLANG MIT DEN UNIVERSELLEN KRÄFTEN NÄHREN

„Du bist, was du isst“ (Autor unbekannt). Sei gut zu dir selbst. Begegne deinem Körper und deinem Geist achtsam, und du erlebst dich im Einklang mit deiner Wesensnatur.

„Ayurveda“, was so viel wie „Wissen vom Leben“ bedeutet, ist viel mehr als eine bestimmte Art und Weise, Speisen zuzubereiten. Die ayurvedischen Schriften sind Teil der Samkhya-Philosophie, die aus der Zeit der Veden, Indiens heiligen Texten, stammt. Ayurveda ist ein ganzheitliches, allumfassendes medizinisches System, das jeden Aspekt und alle Elemente des Lebens berücksichtigt. Es basiert auf der Weisheit, dass alles im Universum aufgrund universeller schöpferischer Energien entsteht, die sich wechselseitig beeinflussen. Der Mensch, die Natur und der Kosmos sind eine Einheit. „Wie oben, so unten. Alles ist mit allem verbunden.“ Diese Weisheitslehre erkennt an, dass sich alles in einem natürlichen Rhythmus und Zyklus ständig verändert und wiederholt.

Die Lehre der drei Gunas – Sattva, Raja und Tamas: Das Sanskrit-Wort „Guna" heißt ursprünglich „Faden" und deutet auf die Urmaterialien hin, aus denen die Wirklichkeit gewoben wird. Die Übersetzung im allgemeinen Sprachgebrauch ist „Qualität". Laut der Samkhya-Philosophie entstehen die drei Gunas aus der Grundmaterie des Universums und schaffen die wesentlichen Aspekte der Natur. Beim Menschen bezieht sich Guna auf die Persönlichkeit, die angeborene Natur und die psychisch-seelischen Eigenschaften. „Sattva" ist die Qualität von Güte, Mitgefühl, Licht und Positivität. „Rajas" meint die Qualität von Aktivität, Chaos und Leidenschaft und hat das Potenzial, gut oder schlecht zu sein. „Tamas" beschreibt die Qualität von Dunkelheit, Ignoranz, Zerstörung, Lethargie und Negativität. Die unterschiedlichen Proportionen dieser Eigenschaften, die in jedem Menschen vorkommen, beeinflussen die Lebensweise einer Person.

Die Lehre der fünf Elemente („Pancha Mahabhutas") – Äther/Raum, Luft, Feuer, Wasser und Erde: Sie stellen Eigenschaften und Kräfte dar, die zusammenwirken und die Bausteine des Universums bilden. Ayurveda kombiniert die fünf Elemente zu drei vitalen Bioenergien, die als Doshas – Vata, Pitta und Kapha – bezeichnet werden. „Vata" reguliert alles, was im Körper mit körperlicher und geistiger Bewegung zu tun hat. „Pitta" steuert die Stoffwechselprozesse. „Kapha" reguliert den Aufbau und die Stabilität des Körpers. Die drei Doshas sind in einem ständigen Tanz miteinander.

Ayurveda identifiziert daraus bei jedem Einzelnen eine einzigartige Konstitution („Prakriti"). Die Kunst des Ayurveda besteht darin, diese einzigartigen Wesensmerkmale achtsam auszugleichen und damit Gesundheit immer wieder herzustellen. Die ayurvedische Ernährungsweise erzeugt Gesundheit durch Vitalisierung und Ausgleich der angeborenen Weisheit des Körpers. Achtsamkeit und Ayurveda bilden eine harmonische Symbiose, die für eine gesunde Ernährung, bewusstes Essen und eine ausgewogene Lebensweise sorgt.

23 *Meine Atempause*

TRÄUMERISCH WANDELN

Romantischer und herrschaftlicher als in diesem Kleinod geht es kaum: ausladende Treppen, ein „Spiegel des Himmels“ inmitten des Parks und ein Heckentheater mit einem atemberaubenden Elbblick.

In 30 Meter Höhe thront über dem Falkensteiner Elbufer ein Juwel der Hamburger Jugendstil-Parkarchitektur: der Römische Garten. Hier entdecken wir am Südhang des Polterberges die Treppe, die uns über 128 Stufen in **das kleine Paradies mit dem mediterranen Flair** führt. Was heute eine öffentliche Grünanlage und anerkanntes Gartendenkmal ist, gehörte Ende des 19. Jahrhunderts noch zum Privatbesitz des Hamburger Kaufmannes Anton Julius Richter. Auf Italienreisen holte er sich die Inspirationen für seine Oase, die er zwischen 1880 und 1890 gestalten ließ. Doch erst die Hamburger Bankiersfamilie Warburg verlieh der Anlage ihr endgültiges Erscheinungsbild.

Für mich!
Italienisches Flair im Grünen genießen

Beim Lustwandeln und Schlendern durch den Park entdecken wir anmutige und **an die Renaissance erinnernde Treppen und Emporen.** Wir fühlen uns durch die in Reih und Glied angepflanzten Koniferen wie in der Toskana. Auf der Südseite gelangt man über eine breit geschwungene Treppe zu dem Freilicht-Heckentheater, das einem römischen Amphitheater nachempfunden und 1924 eingeweiht wurde. Bis in die 1930er-Jahre hinein versammelte sich hier zur Blütezeit des Parks die feine Hamburger Gesellschaft. Von einer Eibenhecke umgeben, wurden auf der kreisförmigen Rasenfläche im **Freilichttheater** Aufführungen gezeigt. Seit 2005 finden hier beim freien Picknicktheater regelmäßig Auftritte und Veranstaltungen statt.
Die mittlere Ebene bildet mit der zentralen Rasenfläche die Römische Terrasse parallel zur Elbe. In ihrer Mittelachse ruht ein kleines **Seerosenbecken,** angelegt als „Spiegel des Himmels“. Besonders deutlich wird dies von der obersten Ebene aus. Eine Rundtreppe führt in eine kleine Nische mit Sitzbänken. Auf der gegenüberliegenden Seite betont eine charakteristische Thujaheckenpflanzung den südlichen Rand und inszeniert gleichzeitig den atemberaubenden Ausblick über den breiten Elbstrom hinweg zur Elbinsel Neßsand bis nach Niedersachsen.

Römischer Garten, Kösterbergstraße 40 e, 22587 Hamburg

24 *Meine Atempause*

DIE MELODIE DER HERZEN

Bevor wir sprechen, tönen und singen wir. Aus der Seele heraus zu singen und zu musizieren, erhöht unsere Schwingung und bringt uns in Einklang mit dem, was ist. Für uns und für die Welt.

Das Devah, Zentrum für Yoga und Bewegung, befindet sich im Hinterhof eines denkmalgeschützten Gebäudes in der Neustadt. Es hat fast ein bisschen **New-York-Feeling,** in den lichtdurchfluteten Räumen Yoga zu machen, einer Kakaozeremonie beizuwohnen oder einen Abend in die Welt der Mantras einzutauchen. Der Spirit der Vision des Devah-Teams, aufmerksam geführt von Mansukh Alice Betz, erreicht uns auf sanfte Art und Weise bereits beim Betreten. Hier wird daran erinnert, dass wir fühlende Wesen sind, die verbunden und liebevoll, achtsam und wertschätzend miteinander und voneinander lernen, sodass Frieden einkehren kann. Innen wie außen. Üben, sowohl körperliches als auch geistiges, ist gelebte **Bewusstseinsarbeit,** um zu werden und zu sein, wer wir in Wahrheit sind.

Für mich!

Singend in Freude und Leichtigkeit schwingen

An diesem Abend versetzen der **Zauber der Mantras,** Julia Crüsemanns hingebungsvolle Stimme und ihr reiches Wissen über die Bedeutung jedes einzelnen Mantras uns in eine Welt außerhalb von Raum und Zeit. Begleitet vom sphärischen Sound des Harmoniums, braucht es keinerlei Vorwissen in Gesang, Sprache oder Notenlehre. Mantrasingen ist Singen aus dem Herzen. Hier geht es nicht um perfekte Töne oder schöne Stimmen. Hier geht es darum, sich vom Mantra, vom **Klang der Silben** und von der Gruppe getragen und gestützt zu fühlen und sich der Schwingung der universellen Kraft hinzugeben. Mantras zu singen ist bei regelmäßiger Anwendung spirituelle Praxis, die tief geht und gleichzeitig unglaublich viel Spaß macht. Das Singen eines Mantras und die stetige Wiederholung der heiligen Silben aus dem Sanskrit verleihen uns ein nahezu schwebendes Gefühl. Unser Nervensystem beruhigt sich und unser Bewusstseinszustand erweitert sich. Und obwohl die Abendsonne schon untergegangen ist, scheint das Devah zu leuchten. Es fällt uns schwer, diesen feinsinnigen Abend zu beschließen. Doch der Klang der Mantras hallt noch lange nach und lässt uns dem Lärm des Lebens mit innerer Stille begegnen.

Mantrasingen, Julia Crüsemann, Tel. (01 75) 6 25 31 26, www.juliacruesemann.de, im **Devah,** Pilatuspool 11 a, 20355 Hamburg, www.devah.de

25 *Meine Atempause*

EINKEHR MIT AUSSICHT

Wie in „Omas guter Stube“ leckeren Kaffee und Kuchen genießen und dabei dem bunten Treiben auf der Elbe zusehen. Der Blick vom Terrassengarten ist atemberaubend und lässt unser Herz höherschlagen.

Der Aufstieg durch die verwinkelten Gassen des malerischen und mediterranen Treppenviertels in Blankenese lohnt sich. Ein paar versteckte Stufen geht es am **Süllberg** hinauf. Hoch oben, umgarnt von der Natur, offenbart sich dieses heimelige Traditionscafé mit einem wunderschönen Terrassengarten unter romantischen Ranken von Weinreben. Gekrönt wird dieser Besuch mit einer traumhaften Fernsicht Richtung Elbe.

Der **Kaffeegarten Schuldt** ist eine kleine, verwunschene Oase fernab des Alltagtrubels. Seit 1877 sorgt der charmante Familienbetrieb in Blankenese für legendäre **Kaffeekränzchen.** Da viele Hamburger Männer Ende des 19. Jahrhunderts zur See fuhren, trafen sich die Ehefrauen an Land. Auch der Kaffeegarten der Familie Schuldt war so ein Ort, wo man zum gemeinsamen Kaffeeklatsch zusammenkam. Damals brachte man seinen Kaffee noch selbst mit und ließ ihn vor Ort aufkochen. Dieses Brauchtum wird hier heute noch gelebt: „Die Tradition wird nicht gebrochen, hier können Familien Kaffee kochen.“ Wie bereits vor 100 Jahren wird mitgebrachtes Kaffeepulver auf Wunsch heute noch per Hand aufgebrüht.

Für mich!
Wohltuender Kuchen- und Augenschmaus

Für einen wahren **Gaumenschmaus** sorgen die süßen Verlockungen, wie hausgemachte Obststreuselkuchen, köstliche Torten und frisch gebackene Waffeln. In der Regel präsentieren Familie Schuldt und ihr großartiges Team eine Auswahl von vier Torten (z. B. Mandarine-Käsequark-Sahne-Torte oder Schokoladentorte) und Streuselkuchen mit Äpfeln, Stachelbeeren, Pflaumen oder Kirschen. Die Spezialität ist eine Himbeer-Philadelphia-Sahne-Kreation, die wir uns zusammen mit einem cremigen Cappuccino gönnen. Schon beim Anblick läuft uns das Wasser im Mund zusammen. Wir schmecken bewusst, langsam und in Stille, um mit allen Sinnen zu genießen. Mit dem **Blick in die Ferne** schweifend, fühlen wir uns wie an einer Bucht am Mittelmeer. Der Reichtum des Ausgenblicks offenbart sich über die besondere Atmosphäre, die einem dieser Ort schenkt.

Kaffeegarten Schuldt, Süllbergsterrasse 30, 22587 Hamburg,
Tel. (0 40) 86 24 11, www.kaffeegarten-schuldt.de

26 *Meine Atempause*

KOSMISCHE REISE

Planeten, Sterne und das gesamte Universum in Licht und Klangräumen greifbar erleben. Die Erde als Teil der unendlichen Weiten des Kosmos verstehen und sich davon faszinieren und berühren lassen.

Das **Planetarium Hamburg**, ehemals ein Wasserturm, steht seit 1930 im schönen Stadtpark. Es ist eines der dienstältesten Planetarien weltweit. Einen Blick in die Sterne wagen, unseren Planeten und seine Stellung im Weltall verstehen lernen oder sich in der Sternenkulisse musikalisch unterhalten lassen – hier werden Sternenforscherträume wahr.
Die 20,6 Meter große **Sternenkuppel** ermöglicht ein dreidimensionales Erleben aller Reisen in den faszinierenden Kosmos. Mit der „Himmelsmaschine" verfügt der Sternensaal über das weltweit führende optomechanische Projektionssystem, das das Funkeln der Sterne am Himmel und jede kosmische Bewegung täuschend echt wirken lässt. Um Mikro-, Bio- und Makrokosmos virtuell und doch naturgetreu durchreisen zu können, wird eine besondere Simulationstechnik genutzt. **Spektakuläre Lichtstimmungen** vom Dunkel der sternenklaren Nacht bis hin zur stimmungsvollen Atmosphäre bei Konzerten lassen einen Besuch in der Sternenkuppel zu einem Erlebnis werden, das alle Sinne berührt.

Für mich!
Sich selbst als Teil des Universums begreifen

„Im Anflug auf die Erde" gehen wir z. B. auf eine **Zeitreise durch das Sonnensystem.** Einen Eindruck vom Leben an Bord der Raumstation gewinnt man in „Space Explorers – das ISS Erlebnis". Oder wir fliegen „Im Nachtflug durch die Galaxis". Die unterschiedlichen Entdeckungsreisen faszinieren Groß und Klein. Das Fantasymusical „Silberne Segel" und die musikalische Reise „Meine Heimat – Unser blauer Planet" begeistern kleine Abenteurer. Stars wie Michy Reincke, Rolf Zuckowski oder das Reinhold Beckmann Trio locken in das faszinierende Sternentheater.
Wer sich nach einer virtuellen Reise in den Kosmos wieder orientieren muss, der genießt von der **Aussichtsterrasse** in rund 40 Meter Höhe einen Rundumblick auf die schöne Hansestadt – dankbar und mit einem Bewusstsein dafür, wie unendlich reich unsere Galaxis ist.

Planetarium Hamburg, Linnering 1 (Stadtpark), 22299 Hamburg,
Tel. (0 40) 4 28 86 52 10, www.planetarium-hamburg.de

WIDDER
STIER
ANDROMEDA
PEGASUS
DELPHIN
TRIANGEL
PLEJADEN
SCHWAN
PERSEUS
MEDUSA
ADLER
CASSIOPEIA
CEPHEUS
LYRA
CAPELLA
FUHRMANN
HERKULES
KL. BÄR
DRACHE
ZWILLINGE
SKORPION
KRONE
CASTOR
POLLUX
KL. HUND
SCHLANGENTRÄGER
GROSSER BÄR
PROKYON
BOOTES
ARKTUR
HUNDE
WAAGE
JAGD
COMA
LÖWE
KREBS
JUNGFRAU
SPICA
REGULUS
WIE AN DEM TAG/DER DICH DER WELT VERLIEH'N/DIE SONNE STAND ZUM GRUSSE DER PLANETEN/
BIST ALSOBALD UND FORT UND FORT GEDIEH'N NACH DEM GESETZ/WONACH DU ANGETRETEN.
SO MUSST DU SEIN/DIR KANNST DU NICHT ENTFLIEH'N/SO SPRACHEN SCHON SIBYLLEN SO PROPHETEN,
UND KEINE ZEIT UND KEINE MACHT ZERSTÜCKELT GEPRÄGTE FORM/DIE LEBEND SICH ENTWICKELT.

27 *Meine Atempause*

NESTWÄRME SPÜREN

Das „Wissen vom Leben“ öffnet uns die Tür zu unserem reinen Sein. Umhüllt in gütiger Obhut schenkt uns diese berührende „Einölung mit liebenden Händen“ tiefe Gelassenheit und pure Lebendigkeit.

„Svasthya“ bedeutet im Indischen „Gesundheit“. Für Wiebke Abel, ausgebildete Ayurveda-Therapeutin und Heilpraktikerin, heißt es auch „bei sich selbst zu Hause sein“. Diesen Zustand von gesunder und wohltuender **Ausgeglichenheit** zu erreichen, ist für Wiebke ihre Berufung. Der Geist des Ayurveda – „das Wissen vom Leben“ – schwingt in den einladenden Räumen ihrer Naturheilpraxis. Mit individuellen Beratungen, Massagen, beruhigenden Stirngüssen und Panchakarma-Kuren deckt Wiebke die gesamte **Bandbreite der ayurvedischen Heilkunst ab.**

Nach einem Begrüßungstee wird in einem Gespräch der individuelle Behandlungsschwerpunkt für die „EnergieBalance Abhyanga“ festgelegt. Die **Abhyanga,** die „große Einölung und besondere Bewegung um etwas“, ist eine **Ganzkörperbehandlung mit warmen pflanzlichen Ölen.** Die Art der Massage und Auswahl der Öle wird dabei auf die jeweilige Konstitution (Doshas: Vata, Pitta, Kapha) oder Dysbalance abgestimmt. Im Einklang mit unseren Bedürfnissen wird der natürliche Energiefluss unseres Körpers wiederhergestellt. Wiebke beginnt die Behandlung mit einer intensiven Nackenmassage, gefolgt von einer Ganzkörpermassage an unterschiedlichen Positionen und einem abschließenden **Energieausgleich.**

Für mich!
Sich in tiefer Geborgenheit selbst bewohnen

Die tiefgreifenden Berührungen entspannen, erwärmen und lockern das Gewebe von Haut, Muskeln, Sehnen und Knochen. Lymphfluss und Stoffwechsel werden angeregt, was einen reinigenden und befreienden Effekt für Körper, Geist und Seele hat. Die Ölmassage öffnet nach der ayurvedischen Lehre die „Srotas“ („Kanäle“), mit denen das „Ama“ („Unverdautes“) abtransportiert und auch Blockaden auf seelischer Ebene gelöst werden. Auf sanfte Weise entspannt sich unser Nervensystem. Die Einhüllung in erwärmtes Öl und die fließenden Streichungen vermitteln ein intensives **Gefühl von wohliger Geborgenheit.** Wir lassen los, geben uns hin und dürfen uns angenommen und liebevoll gehalten fühlen.

Svasthya Naturheilpraxis, Wiebke Abel, Langenfelder Damm 25, 20257 Hamburg, Tel. (0 40) 32 89 97 24, www.svasthya.de

28 *Meine Atempause*

GEHEIMNISVOLLES MOOR

Hier kann man die mystische Atmosphäre dieser einmaligen Moorlandschaft entdecken und der Natur in ihrer faszinierenden Pflanzenvielfalt ganz nah sein. Eine Begegnung mit einer morbiden Schönheit.

Im Norden an der Grenze zu Schleswig-Holstein versteckt sich eines der letzten Hochmoore Hamburgs. Mit seinen malerischen Wiesen, Weiden und Wäldern wirkt das **Wittmoor** („Weißes Moor") wie eine verwunschene Märchenlandschaft. Es entstand in Jahrtausenden in einer Senke eiszeitlicher Moränen in einem Nebental der Alster und wurde bis 1958 großflächig abgetorft. 1978 wurde das Wittmoor unter **Naturschutz** gestellt. Im Zuge der Renaturierung wurden Entwässerungsgräben geschlossen. Die abgetorften Flächen sind nun wieder durchnässt. Ein Zeichen für neue Moorbildung stellen die absterbenden Birken dar. Mittlerweile sind in der Mitte des abgetorften Gebietes zwei verschleierte Hochmoorseen entstanden, bei deren Anblick **verborgene Geschichten** aus dem Unterbewusstsein hochklettern.

Für mich!
Verborgenem begegnen und sich nähren lassen

Dunkles verbirgt sich an diesem Ort. Inmitten der Idylle erinnert ein Gedenkstein an die düstere Vergangenheit. Zu Beginn des Zweiten Weltkrieges wurde im Wittmoor ein Konzentrationslager errichtet, wo Häftlinge zu Moortrockenlegungen und zum Torfstechen gezwungen wurden.

Heute verzaubert die **Ursprünglichkeit des Moores** mit sagenumwobener Schönheit. Nebel hängen über der Landschaft und verleihen der Natur eine eigentümliche Mystik. Der weiche, durchtränkte Boden schwankt, wenn man ihn betritt. Gut befestigte Wanderwege wechseln sich mit schmalen Pfaden ab. Entlang von saftig grünen Weiden mit grasenden Kühen und kurzen, sumpfigen Waldabschnitten vorbei an Wollgras, Heide und Birken offenbart sich der Blick auf den **Hochmoorsee.** Wir halten inne. Die Luft ist satt und die Stille zum Greifen nah. In den kleinen Moorweihern brüten Krickenten. Wir schauen den Heidelibellen bei ihrem Lufttanz zu und lauschen dem Baumpieper.

Wenn man sich der Qualität des Moores öffnen möchte, wird man eingeladen, eine neue Ebene des Seins zu betreten, sodass sich das Unterbewusste zeigen möge, um das Bewusstsein zu erweitern und zu bereichern.

Naturschutzgebiet Wittmoor, Am Wittmoor, 22397 Hamburg

GARTENINSZENIERUNGEN

Herrlich weicher Waldboden, frische Luft, zahlreiche Schul-, Stauden- und Rosengärten, ein Waldlehrpfad und ein Heckentheater. So präsentiert sich eine Parklandschaft, die unsere Seele streichelt.

Der **Altonaer Volkspark** in Hamburg Bahrenfeld ist mit 205 Hektar Hamburgs größter öffentlicher Park, dessen Kernbereich seit 2002 unter Denkmalschutz steht. Auch an den Wochenenden ist es hier selten überfüllt, weil die grüne Oase so viel Platz und auch unberührte Natur bietet. Wer Ruhe und Weite statt Trubel sucht, ist hier richtig. Zu großen Teilen besteht der Park aus hügeligen Waldgebieten und Laubengängen. Der Parkplaner Ferdinand Tutenberg ließ die Grünanlage zwischen 1914 und 1933 bewusst als weitgehend natürlichen **Waldpark** anlegen. Im östlichen Teil befinden sich ein Minigolfplatz und ein Freilichttheater. Von dort führt ein Waldweg zu einer Anhöhe, die einen schönen Ausblick über die Parkanlage bietet.

Für mich!
Schlendern. Entspannen. Einfach treiben lassen

Für Aktive sind mehrere Laufstrecken ausgeschildert. Die große Wiese nahe dem Haupteingang an der August-Kirch-Straße ist das Zentrum des Parks. Breite Wege und kleinere Pfade laden zu genüsslichen Spaziergängen und ein Biergarten zum lauschigen Beisammensein ein. Der um 1920 erbaute **Schulgarten** ist ein Lehr- und Anschauungsgelände für naturkundliche und gärtnerische Bildung. Am Hauptweg steht zwischen Eingang und Pavillon ein eigensinniger **Pinguinbrunnen.** Der gemauerte **Pavillon** ist das Herzstück des Schulgartens. Das unter Denkmalschutz stehende Juwel wurde dank Privatspenden liebevoll restauriert. Acht majestätische Säulen tragen ein markant geformtes Kupferdach, unter dem es sich wunderbar verweilen lässt. Hier offenbart sich ein herrlicher Blick auf die Rosen- und Staudenbeete im imposant gestalteten Terrain. Akkurat geschnittene Hecken und vereinzelte Bäume sorgen für einen grünen Blickfang.

Insgesamt bieten die weiten Wiesen im satten Grün viel Platz zum **Ballspielen, Grillen oder Picknicken** und die vielen verwunschenen Plätze ungestörten Raum zum Ausruhen. Also: Einfach den Lieblingsmenschen und eine Picknickdecke schnappen und den Bedürfnissen folgen.

Schulgarten im Altonaer Volkspark, Schulgartenweg 16, 22525 Hamburg

30 *Meine Kraftquelle*

WALDWIESENGEFLÜSTER

Ein Bad für die Sinne. Dem stetigen Wandel der Natur mit jeder Faser begegnen und den stillen Gaben der Pflanzenheilkunde lauschen. Uns von unserer Umwelt energetisieren und nähren lassen.

„Warum in die Ferne schweifen, wenn das Gute liegt so nah?" Noch von den hektischen und lauten Alltagsreizen berührt, starten wir ganz „unsinnlich" auf einem Parkplatz an einer lauten Straße **am Rande des Sachsenwaldes.** Hier ist noch nichts davon zu spüren, wie wenig es braucht, um abzutauchen in die Stille und den **Zauber der Natur.** Noch können wir nur erahnen, welche Geschenke uns die Pflanzenwelt bereitet.

Birgit Heitmann ist Phytotherapeutin und passt ihre **Kräuterwanderungen** den Jahreszeiten an. Wir lassen uns vom selbstverständlichen Wechsel der Natur inspirieren. Ganz bewusst starten wir auf hartem Asphalt, bevor wir Schritt für Schritt über Bordsteine und befestigte Wege auf einer Wiese am Waldrand ankommen. Achtsam erkunden wir die zarten Blüten des Wildkrautes Ehrenpreis, auch bekannt als Allerweltsheil. Wir nehmen die Pflanzen mit allen Sinnen wahr, schnuppern an Gänseblümchen, probieren Löwenzahn und fühlen vorsichtig über die Brennnessel, die, wenn man weiß, wie man sie pflückt, nicht brennt und gegessen werden kann.

Für mich!
Die Gaben der Natur empfangen

Entlang von Buschwindröschen und Gundermann beschreiten wir den nächsten Übergang in den Wald. Unter unseren Füßen knistert das trockene Laub auf dem **weichen Waldboden.** Das Multitalent Waldmeister erblüht am Fuße einer Lärche. Der Geruch des Waldes lässt uns tiefer atmen. Unser Herz passt seinen Takt dem beruhigenden Rhythmus der Natur an. Die Lärche flüstert uns zu, sodass wir diesen magischen Schutzbaum in tiefer Dankbarkeit umarmen.

Als wir nach 2,5 Stunden wieder am Ausgangspunkt ankommen, haben wir nicht nur unglaublich viel über Wald und Wiese gelernt, viel mehr haben wir die Weisheit der Natur erfahren. Hier verbindet sich das traditionelle Wissen über die Heilpflanzen mit der **Seelensprache der Natur.** Jede kleine und große Pflanze ist ein Wunder der Schöpfung und lässt uns erinnern, wie wir verwurzelt sind und wie alles mit allem verbunden ist.

Kräuterwanderung, Birgit Heitmann, Tel. (01 72) 6 12 50 09, www.naturverbundene-gesundheit.de, Treffpunkt: Reinbeker Redder 283, 21031 Hamburg

ALPAKALIEBE FÜHLEN

Alpakas zu begegnen, öffnet unsere Herzen. Die wolligen Glücksbotschafter lassen Alltagssorgen in den Hintergrund rücken. Die Zeit scheint stehen zu bleiben. Wonnetrunken genießen wir den Augenblick.

Wiedwisch ist eine alte Flurbezeichnung und bedeutet „Wiese, an der die Weiden wachsen". Durch ein Holztor betreten wir den **wunderschönen Bauernhof,** der in einer grünen Wiesenlandschaft liegt und von einem farbenprächtigen Blumenmeer umgeben ist. Hier haben die beiden Bauernhofpädagogen Dörte Wendorff-Rusch und Carl Rusch ein kleines Paradies für die Begegnung von Mensch und Tier geschaffen.

Für Carl war es Liebe auf den ersten Blick. Was mit einer kleinen Gruppe von fünf Alpakas begann, ist heute eine Zucht von rund 50 freude-, energie- und **harmoniebringenden Tieren.** Die drolligen, sozialen Herdentiere zaubern einem direkt ein Grinsen ins Gesicht. Alpakas sind friedliche, neugierige Tiere, die sich über Körpersprache und verschiedene Summlaute verständigen. Auch wenn sie mit ihren großen Augen und ihrem weichen Fell so niedlich daherkommen, sind sie keine Kuscheltiere. Berührungen am Kopf oder Nägelschneiden mögen sie gar nicht, sodass Carl auch schon mal den Mageninhalt eines Alpakas auf seinen Händen hatte, als er ihm die Hufe stutzte.

Für mich!
Alpakas machen glücklich und gelassen

Wir haben den **Alpakaspaziergang** ohne Spucken gebucht. Doch bevor wir losgehen, dürfen wir uns achtsam unter die große Herde aus Stuten und zuckersüßen Fohlen mischen. Behutsam lassen wir die Tiere Vertrauen fassen und auf uns zukommen. Der **Zauber des Augenblicks** weckt eine sanfte, kindliche innere Kraft, die uns an das Reine und Unschuldige in uns selbst erinnert und unser inneres Kind lebendig werden lässt.

Nach einer Einweisung von Carl, wie man Alpakas artgerecht führt, lernen wir die Hengste Yuki und Emil Rakete kennen. Nachdem der erste Hunger unserer tierischen Wegbegleiter auf einer Wiese gestillt ist, beginnt unser gemeinsamer Streifzug über **idyllische Wege** entlang von endlos wirkenden Feldern. Das beruhigende Wesen dieser Tiere berührt auf eine ganz besondere Weise. Wenn du eine Verabredung mit deinem inneren Kind brauchst, bist du hier goldrichtig.

Alpakaspaziergang, Hof Wiedwisch, Carl Rusch und Dörte Wendorff-Rusch, Waldweg 51, 25495 Kummerfeld, Tel. (01 73) 4 33 00 19, www.hof-wiedwisch.de

32 *Meine Kraftquelle*

KLEINE KUNST KREIEREN

Schönheiten aus Keramik selbst bemalen. Hier entsteht die kreative Lust, den Pinsel auf Geschirr zu schwingen und mit den eigenen Händen etwas Einzigartiges zu erschaffen, wie von Zauberhand.

„Vorher Hände waschen! Sonst: Malör am Geschörr!“ steht auf einem bemalten Schild in dem lichtdurchfluteten, heimeligen **Keramikatelier und Kreativcafé** von Wiebke Lüdemann, dem Porzellanfräulein, in Winterhude. Sie liebt es, Gastgeberin zu sein und Menschen einen Raum für Kreativität und geselliges Zusammensein zu öffnen. „Malen ist für mich wie Meditieren“, sagt Wiebke. Ihr Wunsch ist es, einen Ort zu schaffen, an dem man verweilen und sich in seiner Beschäftigung verlieren kann. Ausdrücklich ohne den Anspruch, hier große Kunst, sondern einfach **selbst bemalte Tonware** und erst konzentrierte, dann glückliche Gesichter mit einer „Gänsehaut vor Glück“ sehen zu wollen. Wir werden Zeuge, dass dies hier wie von selbst geschieht. Wer noch keine Idee hat, welches Kunstwerk erschaffen werden darf, bekommt von Wiebke und ihrem herzlichen Team wertvolle Anregungen. Impulse geben uns zahlreiche Vorlagebücher und Ausstellungsstücke. Es ist ein wahrer Augenschmaus, die vielen **Kleinkunstschönheiten** zu bestaunen und sich inspirieren zu lassen. Und gleichzeitig ist es ein Luxus, „die Qual der Wahl“ zu haben und noch nicht zu wissen, welche Keramikkreation geboren wird.

Für mich!
Etwas individuell Beständiges erschaffen

In den deckenhohen Regalen warten die Rohlinge auf ihren Anstrich: Teller, Tassen, Butterdosen, Untersetzer, Vasen, Krüge, Schüsseln, Küchenlatten, Kacheln und Schilder. Eine bunte Palette an Spezialfarben, Wasserschüsseln, Keramikapplikationen, Schablonen, Stempel und Pinsel sind für uns bereitgestellt. Mit einem Bleistift skizzieren wir fokussiert und in Ruhe das gewünschte Muster. Ganz in Stille erfolgt die Bemalung. Wir verlieren uns im Moment und tauchen ein in den **schöpferischen Entfaltungsprozess.** Anschließend werden die fertigen Schätze glasiert und im Ofen gebrannt. Ein paar Tage später dürfen wir voller Stolz unsere Kunstwerke abholen und wissen noch nicht, ob wir damit anderen eine Freude machen oder uns einfach selbst beschenken wollen.

Porzellanfräulein, Wiebke Lüdemann, Preystraße 8, 22303 Hamburg,
Tel. (0 40) 52 59 78 55, www.porzellanfraeulein.de

FRI

33 *Meine Kraftquelle*

NATURBAD FÜR DIE SINNE

Abtauchen und im „Spielfeld für die Sinne“, dem Wald, von der Natur gebettet sein. Atmen, ankommen und Altbekanntes mit neuen Augen erkennen. Gleichsam wach und entspannt zurück zum Ursprung finden.

Wir starten unser Waldbaderlebnis mit Lara Leonie Keuthen an der **Fürst Bismarck Mühle im Sachsenwald** bei Aumühle. Das Wasser plätschert, das Gras, Moos und die Blätter leuchten in saftigem, sattem Grün. Dampf steigt auf, Sonnenstrahlen malen gefiltert durch das Blätterdach Muster aufs Gras. Auf einer kleinen Lichtung nehmen wir Platz. Lara macht uns die gesundheitsförderliche Wirkung des **Waldbadens** bewusst. Achtsam und aufnehmend, inmitten der Urkraft der Bäume kommen wir bei uns selbst an. Bewusstes Schlendern entschleunigt uns.

Bei Atem-, Körper- und sinnaktivierenden sowie kreativen Übungen nutzen wir den Wald als Wohlfühlraum. Wir ziehen Farbkarten und machen uns auf die Suche nach gleichfarbigen Waldutensilien, um unsere Sinne zu schärfen. In uns wächst ein neues, waches Gefühl für Farben, Formen und die Vielfalt dieser Naturwelt. Diese Gaben des Waldes dürfen wir auf ein Kärtchen kleben und als Geschenk der Natur mit nach Hause nehmen.

Für mich!
Atmen, geerdet sein, Verbundenheit spüren

Energetische Aktivierungsübungen für Körper, Geist und Seele folgen. Wir klopfen uns im Sitzen mit den Handballen von oben bis unten ab. Das wohltuende, tiefe Ein- und Ausatmen erfrischt und nährt uns. In 20 Minuten Solo-Waldzeit dürfen wir uns in Stille, im Sitzen oder im Liegen einfach treiben lassen und werden mit befreiender **Ziel- und Zeitlosigkeit** beschenkt. Wir spüren den warmen, etwas feuchten Waldboden, schließen minutenlang die Augen, schnuppern an Bäumen, umarmen sie und hören auf sich leise wiegende Äste. Irgendwo nicht weit weg klagt ein Käuzchen. Als besonderen Abschluss machen wir eine Waldmeditation im Liegen. Eingebettet im Schoßraum von Mutter Erde sinken wir in eine tiefe Schwingung, die keine Fragen offenlässt. Wir spüren unsere Präsenz und ureigene Wurzelkraft und die **Verbundenheit mit Mutter Natur.** Im Wald liegt wohl auch ein Teil unserer Wahrheit und Ursprünglichkeit. Glückserlebnisse und Gesundheitsbonus gibt es gratis dazu.

Waldbaden, Lara Leonie Keuthen, Tel. (01 76) 65 92 16 21, www.mimameid-waldbaden.de, Treffpunkt: Fürst Bismarck Mühle im Sachsenwald, 21521 Aumühle

Waldbaden

Meditation „Baum des Lebens“

SICH ERDEN, SICH MIT DER NATUR VERBINDEN UND DIE HEILSAME BOTSCHAFT DER BÄUME EMPFANGEN

Viele von uns empfinden einen Aufenthalt in der Natur als wohltuende Auszeit von der „Reizüberflutung“ im Alltagsleben. Bereits Pfarrer Sebastian Kneipp, der Vater der modernen Naturheilverfahren, hat vor 150 Jahren das Liegen im Wald für die Gesundheitsförderung empfohlen, ebenso die Atemgymnastik im Fichtenwald. „Shinrin Yoku“ („Eintauchen in die Atmosphäre des Waldes“) als naturheilkundliche Intervention des 21. Jahrhunderts, die Prävention und Therapie verbindet, wird seit den 1980er-Jahren in Studien auf seine Wirksamkeit untersucht. Als Koryphäe des Waldbadens gilt Prof. Dr. Qing Li, der die heilsame Kraft des Waldes an der Nippon Medical School in Tokio erforscht.

Der Wald ist ein heiliger Ort. Bäume sind Lebewesen mit wohltuenden Kräften. Beim Waldbaden lassen wir uns mit Anfängergeist und mit allen

Sinnen auf die Kraftquellen des Waldes ein: die auditive Wahrnehmung der Geräusche des Waldes, das visuelle Beobachten und Wahrnehmen der veränderten Lichtverhältnisse sowie der verschiedenen Bäume des Waldbestandes, die Anregung des Geschmackssinns durch den Verzehr von Beeren und anderen Waldfrüchten, die taktile Erfahrung durch die Berührung von Bäumen sowie die olfaktorische Wahrnehmung von Phytonziden, bioaktiven Pflanzenstoffen, die Bäume über die Rinde abgeben.

Beim gemütlichen Schlendern durch den Wald werden Blutdruck und Stresshormonspiegel gesenkt, die Herzfrequenz normalisiert, Selbstheilungskräfte und Immunsystem gestärkt sowie die kognitive und emotionale Erholung gefördert. Dies hat mit der psychologischen Wirkung des Naturerlebens, aber auch mit Pflanzenbotenstoffen in der Waldluft zu tun. Über die Luft tauschen die Pflanzen Botenstoffe aus, um miteinander zu kommunizieren. Mithilfe dieser sogenannten Terpene können sie sich z. B. vor Schädlingen warnen, sodass weiter entfernt stehende Bäume schon Abwehrstoffe bilden können, bevor ein Schädling sie befällt. Diese Terpene atmen wir ein, wenn wir uns im Wald bewegen.

Der Biologe Clemens G. Arvay schreibt: „Unser Immunsystem kommuniziert mit dem Wald! Wir können Terpene entschlüsseln. Der Wald vergrößert nicht nur die Anzahl wichtiger Abwehrzellen in unserem Körper, er macht sie auch aktiver." Wir sind Naturwesen. Unser Organismus versteht die Informationen der Terpene und reagiert wie die Bäume, die die Terpene vor Schädlingen warnen. Er rüstet das Immunsystem auf. Die Konsequenz aus der Kommunikation zwischen menschlichem Immunsystem und der Botschaft der Bäume ist einfach: Je regelmäßiger wir im Wald wandern, umso stärker wird unsere Immunabwehr und umso stabiler bleibt sie auf hohem Niveau. Studien zeigen, dass ein Aufenthalt von 1 bis 3 Stunden in Waldgebieten die besten Resultate erzielt.

Am Ende eines Waldbadetages sind Körper, Geist, Herz und Seele wieder nachhaltig im Einklang. Die bewusste Verbindung mit der Natur trägt dazu bei, zu verstehen, dass wir Teil dieser Um- und Mitwelt und damit Teil eines großen Ganzen sind.

34 *Meine Kraftquelle*

MAGISCHE AUGENBLICKE

Bei der Eulenkuschelstunde erleben wir die Kostbarkeit des Moments. Die stille Pause in der überreizten Bewegung des Alltags. In der Gegenwart der mystischen Tiere dürfen wir einfach nur sein.

Ein Blick sagt mehr als 1000 Worte. So ging es auch Bianka Wolf, als die **Eulen** unverhofft in ihr Leben flogen. Die Eulenfrau und Falknerin wohnt mit ihrem Mann, ihren Kindern und ihren Eulen Artemis, Igor, Radagast, Galandriel, Gandalf, Nepomuk und Everly auf einem Resthof in Oldenhütten. Dort bietet sie unter anderem **Kuschel- und Therapiestunden** mit den gefiederten Achtsamkeitstrainern an.

Diese tiefgründige Erfahrung dürfen wir mit Gandalf, einer kleinen **Weißgesichtseule,** bei unserer Kuschelstunde machen. Bianka gibt uns zunächst eine kleine Einführung in die Welt der Eulen. Wir werden ausgestattet mit Decke auf dem Schoß und Falknerhandschuh. Dann setzt sie uns behutsam Gandalf auf die Hand. Seine tiefgründigen Augen vergewissern sich und erst als er uns den Rücken zuwendet, ist deutlich, dass er nun vertraut und wir ihn berühren dürfen.

Das weise Tier beeindruckt und fasziniert uns mit seinem durchdringenden, scheinbar starren Blick, der uns mitten im Herzen berührt. Gleichzeitig verzaubert er uns durch seine **Sanftheit.** Trotz des kleinen, zarten Körpers hat er eine **hoheitliche Präsenz.** Es ist ein Zwiegespräch im Schweigen, eine stille Berührung unserer Seelen. Gandalf scheint zu wissen.

Sein In-sich-selbst-Ruhen überträgt sich auf uns und wir werden ganz achtsam für den Moment, der sich entfaltet. Gandalfs Transformationskraft lässt uns aussteigen aus dem reaktiven Autopiloten. Unsere **Sinne werden geschärft,** unser Gewahrsein für Begegnung wird auf den unterschiedlichsten Ebenen des Erlebens sensibilisiert. Hier eröffnet sich pures Sein. Der Raum, der entsteht, ist fast nicht in Worte zu fassen. Den muss man erleben. Diese kleine Eule trägt zu Recht den Namen Transformer-Eule. Nach dieser besonderen Begegnung dürfen wir auch die anderen Eulen in ihren Volieren kennenlernen. Jede für sich wahrlich ein Krafttier. Gestärkt in unserer Mitte, gelassen und beseelt fahren wir nach Hause.

Für mich!
Eine Verabredung im Hier und Jetzt

Die Eulenfrau, Bianka Wolf, Dorfstraße 20, 24793 Oldenhütten,
Tel. (0 43 92) 9 20 81 50, www.die-eulenfrau.de

SUPER SOULBRUNCH

Soul Food und Soul Music – eine Feier für die Sinne. Wer hier eincheckt, erhält neben dem Wohlfühlfaktor Nahrung für Leib und Seele. Hier gilt: „Das Leben sollte nicht so ernst sein, sondern schön!"

Die paradiesische **Superbude Altona Paradise** überrascht mit entspanntem Surfer-Spirit, Urlaubsfeeling und kunterbuntem Dschungelspektakel mitten in Hamburg. Flipflops an den Wänden, gemütliche Sitzecken, tropische Zimmerpflanzen, Accessoires im Vintage-Style, Süßigkeiten- und Karma-Bar auf Vertrauensbasis sorgen für eine ausgelassene und willkommen heißende Atmosphäre. Wir fühlen uns sofort wie bei guten Freunden zu Hause. Quirlig Lebendiges trifft auf „hang loose". Es ist ein **kreativer Ort,** an dem man fühlt, dass hier immer wieder neue Ideen sprudeln und nachhaltigen Ausdruck bekommen. So gibt es hier neben dem hauseigenen Secondhandshop, Designzimmern, Dachterrasse, Kitchenclub und dem kultigen Restaurant Bamboole immer wieder Konzerte, Grillabende oder auch den **Soulbrunch.**

Für mich!
Sinne auf Entdeckungs- und Genusstour

Die Soulbrunch-Crew als der perfekte Gastgeber empfängt uns offenherzig. Die erlesenen Köstlichkeiten sind so brillant in Szene gesetzt, dass uns schon beim Anblick das Wasser im Munde zusammenläuft und wir Lust bekommen, auf **kulinarische Entdeckungsreise** zu gehen. Live Cooking Taco Station, üppig belegte Stullen, Joghurt und Müsli, unfassbar leckeres Landbrot sowie Aufschnitt und Käseplatten, die Obstbar, vegane Leckereien wie das Süßkartoffel-Linsen-Chili, hausgemachte Dips oder die DIY-Waffel-Station und die Softeismaschine lassen keine Wünsche offen und sorgen für deliziöse Geschmacksexplosionen. Prosecco und DIY-Saft-Cocktails sowie diverse Tee- und Kaffeespezialitäten runden das geschmackliche Angebot ab. Bei souliger Livemusik von DJ Suro erleben wir im chilligen Wohnzimmerambiente ein kulinarisches Fest. Wir tauchen ein in die reine Sinneserfahrung: **riechen, schmecken, lauschen, beisammen sein,** Momente mit Herzensmenschen teilen und die Zeit vergessen. Einfach mal Seele und Körper sich nähren lassen und über eine lange Zeit einen Flow von Genussmomenten erleben. Frei nach dem Motto: „Was isst der Dalai Lama zum Frühstück? Buddhabrot!"

Superbude Altona Paradise, Paul-Dessau-Straße 2, 22761 Hamburg,
Tel. (0 40) 85 50 70, www.superbude.de

Was isst der
Dalai Lama
zum
Frühstück?
Buddhabrot!

36 *Meine Kraftquelle*

GUTSKULTUR HEGEN

Der lebendige Gutshof ist ein Lern- und Erlebnisort. Im Einklang mit der Natur erleben wir bei „GutsKultur am Feuer“, wie „einfach gut leben“ im Rahmen von ursprünglichen Ressourcen gelingt.

1850 als Bauernhof errichtet, ist das historische **Gut Karlshöhe** mit dem rund 9 Hektar großen Außengelände heute eine grüne Oase im Nordosten von Hamburg und wurde 2014 als Bildungszentrum für Nachhaltigkeit ausgezeichnet. Dem natürlichen Wandel der Jahreszeiten folgend werden hier rund um den Hofplatz eine Mischung aus regionalen und landwirtschaftlichen Produkten, Informationen zu Nachhaltigkeit, Kunsthandwerk und Design sowie Unterhaltungsprogramme präsentiert. Veranstaltungen, wie Frühstück für die Schafe, Waldfondue, Töpfern, Schnupperschmieden, Apfelsaftpressen auf der Streuobstwiese oder Klimafrühstück, lassen kleine und große Forscherherzen höherschlagen. Entlang des **EntdeckerRundwegs** laden uns anschauliche Infotafeln mit kindlicher Neugier zur Spurensuche ein. Die Erlebnisstation Wald zeigt, dass abgestorbene Bäume wahre „Megacitys“ für Tiere und Pflanzen sind. Im Lehrbienenstand summt und krabbelt es. Der bunte Bauerngarten mit einer Mischung aus Nutz- und Zierpflanzen bietet den Insekten Nahrung. Auf einer Weide können wir die Landschafe besuchen. Glückliche Hühner laufen frei herum. Die **Streuobstwiese** beherbergt über 100 Obstbäume alter heimischer Sorten, wie Apfel-, Birnen-, Kirsch- und Pflaumenbäume. Für das passende kulinarische Angebot sorgt das **Kleinhuis' Gartenbistro** mit regionalen und saisonalen Leckereien.

Für mich!
Von Natur und Kultur inspirieren lassen

Der Abend „GutsKultur am Feuer“ vereint Kultur, Natur und Nachhaltigkeit. Unter freiem Himmel, mit Stockbrot am Feuer und Kerzenschein, erleben wir inspirierende Geschichten, poetische Musik und Aktionskunst. Die geladenen „Anders-Machenden“, die durch den Abend führen, geben **spielerische Impulse,** die uns zum Nachsinnen anregen. Das Künstlerduo „Sofortmalerei“ begleitet den Abend malerisch und zeigt eindrucksvoll, dass die ganze Fülle des Lebens in der Entstehung, im Wandel und in der flüchtigen Erfahrung des gegenwärtigen Augenblicks liegt.

Gut Karlshöhe, Karlshöhe 60 d, 22175 Hamburg,
Tel. (0 40) 63 70 24 90, www.gut-karlshoehe.de

DIE URKRAFT IN UNS

Im Pentaion Dom ist es durch den Goldenen Schnitt des Raumes ein besonderes Erlebnis, beim Shakti Yoga der weiblichen Urkraft näher zu kommen. Bewegt sein und werden im Urbauplan der Schöpfung.

Diplom-Psychologin Karin Zäschke und Dr. Bertram Schaeffer haben, inspiriert von dem Gedanken „Räume sind es, durch die unsere Lebenswege führen", diesen wunderbaren Ort bei Ahrensburg geschaffen. Im **Pentaion Dom** wird jede Sinneserfahrung durch die Heilige Geometrie verstärkt. Wir spüren bewusst in unsere eigenen Innenräume und kommen in Kontakt mit dem, was uns Kraft gibt.

Der **Goldene Schnitt** liegt seit jeher in der Natur der Menschen. Er findet sich in der Biologie und der Physik unseres ganzen Planeten. Daher wird er als angenehm oder ästhetisch empfunden. Das Erleben von Vollkommenheit entsteht durch die Gleichheit der Proportionen und lässt uns die Asymmetrie der Teile als harmonisch wahrnehmen. Unser **Energiefeld** kommt auf natürliche Weise wieder in den Fluss. Die Gestaltung des Pentaion orientiert sich auch an den **Prinzipien des Feng Shui.** Geschwungene Formen bilden eine fließende Harmonie. Dieser feierliche Raum bietet durch seinen großen Schwingungskörper eine überwältigende Akustik, wodurch wir ein **homogenes Klangfeld** wahrnehmen. Deshalb wird der Dom auch gern für kulturelle Veranstaltungen genutzt.

Für mich!
Geborgenheit und Allverbundenheit erleben

Wir erleben Indira Toschka und ihr **Shakti Yoga.** Sie beschreibt ihren Yogastil als weiblich schöpferischen Weg für eine anmutige Körper- und Geisteshaltung. Wir starten mit einer Anfangsentspannung zum Ankommen mit Elementen aus der progressiven Muskelentspannung und Atemübungen (Pranayama). Sonnengrüße, Asanas, Tanz und Mantrasingen folgen in einem kraftvollen **Wechsel von Anspannung und Entspannung.** Die Kombination aus Körperwahrnehmung und geistigen Impulsen beim Singen der Mantras wirkt gleichermaßen erdend und erhebend.

Wir finden an diesem einmaligen Ort einen **Raum der ausgleichenden Kräfte.** Inspiriert durch das Außen resoniert Glückseligkeit, Urkraft und Zentriertheit auf ganz natürliche Weise in uns.

Shakti Yoga, Indira Toschka, Tel. (0 40) 27 87 19 02, www.yoga-engel-hamburg.de, im **Pentaion Dom,** Bornkampsweg 31 k, 22926 Ahrensburg, www.pentaion.de

Die Blume des Lebens

Bauplan der Schöpfung

SYMBOL FÜR DIE EINZIGARTIGKEIT UND EINHEIT DER SCHÖPFUNG

Die Blume des Lebens ist seit vielen Tausend Jahren in zahlreichen Kulturen als schützendes Energiesymbol bekannt. Die älteste bisher bekannte Abbildung kann man im Louvre in Paris bewundern. Sie wurde auf der Türschwelle eines Königpalastes aus dem Jahre 645 vor Christus gefunden. Aber auch auf Pfeilern des Osiris-Heiligtums in Ägypten, in einem Kloster auf Kreta, in der Westminster Abbey als Teil eines Mosaiks aus dem 13. Jahrhundert oder über dem Altar der Pfarrkirche in Altenkirchen auf Rügen prangt das Ornament als Stern am Himmel. Es besteht aus einer Vielzahl von Kreisen, die ein Blütenmuster mit 90 einzelnen Blütenblättern bilden. Zwei sich ineinanderdrehende Blumen lassen Bewegung im scheinbar Zweidimensionalen anmuten. Durch die Überschneidung der beiden Muster entsteht ein drittes, die Versinnbildlichung der Schöpfung. Drei Ringe umgeben die Schöpfungsblume und symbolisieren die Einheit von Körper, Geist und Seele.

So allegorisiert die Blume des Lebens die Dreiheit in der Dualität, die Vereinigung von Gegensätzen wie Hell und Dunkel, Leere und Fülle, sichtbar und unsichtbar, männlich und weiblich. Ein Schwingungsraum entsteht, durch den das göttliche Licht, die Quelle, sich in Geist und Form manifestieren kann. Sie ist das lebendige Muster, der Grundbauplan, dem alle Formen in der Natur zugrunde liegen. Dehnt man dieses Grundmuster bis in die Unendlichkeit aus, so erhalten wir das Quantenfeld, das „Energie-Meer", das uns umgibt und aus dem unsere „Form-Welt" entspringt. Sie kann aber auch wieder in ihr Grundmuster zurückgezogen werden, denn sie ist der Urbauplan der Schöpfung.

Hier liegt die Einheit von allem, was ist. Von all ihrer Gegensätzlichkeit, all ihren Paradoxen und all ihren Wundern und Geschenken. Die Blume des Lebens erinnert uns als verbindendes Element daran, all das wiederzuentdecken. Sie harmonisiert und schützt uns und führt uns in ein neues Level von Lebendigkeit und kosmischer Wahrheit. Positive Energien werden verstärkt und negative Energien eingeladen, sich im Licht der Schöpfung zu transformieren. Dies bezieht sich sowohl auf den menschlichen Körper als auch auf die Dinge und Räume, die uns umgeben. Alles ist Energie. Auch die geistigen oder manifesten Formen, die wir gebildet haben. Dadurch lässt sich die Blume des Lebens in fast allen Bereichen des Lebens nutzen. Ob als Schmuck oder Dekoelement, ihre harmonisierende Wirkung erfüllt uns und stärkt unseren Alltag. Sie kann dabei helfen, auf tiefen Ebenen der Schöpfung wieder zu vertrauen und uns als Teil dieser wiederzuerkennen.

Alles Sein ruht auf einer kosmischen Ordnung, der Heiligen Geometrie. Alles Sein entspringt nur scheinbar dem Chaos, dem Nichts. Ob Urknall oder Wunder des Lebens, Vollkommenheit begegnet uns in vielen Bereichen. Die Blume des Lebens ist Symbol für den ewig fließenden Strom, für die Vibrationen und Frequenzen des einzigartigen Seins eines jeden Wesens und für das Durchdrungensein allen Seins von ein und derselben Energie.

38 *Meine Kraftquelle*

GAUKLER DER LÜFTE

Die „tropische Zauberwelt" im Sachsenwald und das flatternde Schauspiel der farbenprächtigen Falter erforschen und ganz nah miterleben. Jeder einzelne für sich ein facettenreiches Naturkunstwerk.

Elisabeth Fürstin von Bismarck gründete im Jahr 1985 den ersten **Schmetterlingsgarten** Deutschlands. So entstand in Friedrichsruh ein besonderer Ort, der uns die faszinierende Welt der bunten „Sommervögel" näherbringt und ihre Wichtigkeit in unserem fragilen Ökosystem verdeutlicht. Auf dem weitläufigen, in die Natur eingebundenen Außengelände wurde ein 450 Quadratmeter großes **Tropenhaus** erschaffen. Bei angenehmen 26 Grad kann man hier über 1000 Schmetterlinge und über 40 verschiedene Arten aus Asien, Afrika und Amerika bestaunen. Wir werden von der farbenprächtigen Pflanzenwelt aus Palmen, Hibiskus, Bananen und Kakaobäumen empfangen. Idyllische Wege schlängeln sich über kleine Brücken. Niedliche Zwergwachteln flitzen umher, Schildkröten und königliche Koikarpfen bevölkern den kleinen Teich inmitten des gläsernen Tropentempels. Diese **Fülle der Naturwelt** lässt uns sofort zur Ruhe kommen und weckt unseren Forschergeist. Wir bestaunen die Vielfalt der „fliegenden Juwelen" und ihren leisen Tanz, suchen achtsam und neugierig die flüchtige Begegnung mit ihnen. Es löst wahre Glücksgefühle in uns aus, den Blauen Morpho, den Postmann, die Weiße Baumnymphe, den Monarchfalter oder die schöne Greta oto, einen der kleinsten Schmetterlinge der Welt, zu entdecken. Ein besonderer Moment entfaltet sich, wenn die zarten Flügelwesen auf einer Hibiskusblüte Rast machen, sich am Nektar nähren und sich schillernd in ihrer puren Schönheit präsentieren. Mit etwas Glück kann man Zeuge des beeindruckenden Naturschauspiels, der **Metamorphose,** werden und der Entpuppung eines Schmetterlings live zusehen.
Nach einem Spaziergang durch das verwunschene Außengelände verweilen wir noch bei einem Stück leckerem Kuchen im Schmetterlingsstübchen und lassen das Erlebte Revue passieren. Schmetterlinge sind wahre Lehrer in der Kunst der Leichtigkeit und erinnern uns an den ewig fließenden Rhythmus der Natur.

Für mich!
Den Zauber des Wandels erleben

Garten der Schmetterlinge, Am Schloßteich 8, 21521 Aumühle,
Tel. (0 41 04) 60 37, www.gartenderschmetterlinge.de

39 *Meine Kraftquelle*

GRÜNE GIPFELEXPEDITION

Inmitten des schönen Volksdorfer Waldes zwischen grünem Laub und Vogelgezwitscher Seiltänzer spielen und die eigene Kraft entdecken. Man weiß erst, wozu man in der Lage ist, wenn man den Weg geht.

Mit Helm, Klettergurten und Handschuhen ausgestattet, begeben wir uns nach einer genauen Einweisung zum „Zentralen Einstieg“, dem Sammelpunkt aller Parcours des Kletterwaldes. Die **acht Kletterparcours** starten auf 2 Meter Höhe (Via Classica) und steigern sich bis zu 10 Meter (Hillary Step). Schon ab einer Körpergröße von 110 Zentimetern kann man hier Kletterspaß erleben. Je nach Fitness und Mut kann man das ganze Abenteuer durchlaufen oder auch einfachere Parcours wiederholen.

Gut und permanent auf dem Stahlseil mit dem Expoglider Shuttle gesichert, starten wir als Aufwärmtraining auf dem Via Classica. Während es noch recht leicht ist, an Boxsäcken vorbei auf einem Seil zu tanzen oder stehend auf eine Schaukel zu springen und sich auf die Plattform des nächsten Baumes zu schwingen, so braucht es dann doch immer mehr Kraft und auch ein Quäntchen Mut, sich in 6 Meter Höhe über eine Kletterwand zu hangeln (Kompressor-Route) oder es mit dem Skateboard von Baum zu Baum zu schaffen (Separate Reality). Die Trapezbrücke auf 10 Meter Höhe zu erklimmen, ist definitiv spektakulär. Auf einer Strecke von 80 Metern lässt uns eine Seilbahn, der **Flying Fox,** aus den Baumwipfeln herunterrauschen – ein Gefühl wie zu fliegen. Wer zwischendurch eine Pause braucht, der wird am Waldkiosk mit Getränken, Eis und Snacks versorgt.

Für mich!

Vertrauen in die eigene Kraft gewinnen

Zwischen Himmel und Erde aufgespannt, kraftvoll die Beine benutzend, gleichwohl wissend, dass es einer Aufrichtung nach oben bedarf, um die Balance zu halten – Klettern erdet. Sowohl körperlich als auch mental wird die innere Komfortzone eingeladen, sich ein wenig zu dehnen. Und genau darin liegen der Spaß und die **Challenge.** Auch wenn ein Ausstieg jederzeit möglich ist, gibt es erst mal nur eine Richtung und die geht nach vorne. So schenkt Klettern viele **Momente des persönlichen Erfolgs.** Wenn dann noch ein Specht im Nachbarbaum hämmert oder das Rotkehlchen einen mit seinem Gesang belohnt, ist das pures Glück.

Kletterwald Hamburg, Meiendorfer Weg 122–128, 22359 Hamburg, Tel. (0 40) 2 28 63 89 40, www.kletterwald-hamburg.com

40 *Meine Kraftquelle*

NATÜRLICHE FARBKLECKSE

Die Nacht ist gerade vorbei, der Morgen reibt sich noch schläfrig die Augen. Wenn der Tag erwacht, zeigt sich die Landschaft in einer feucht-nebligen Mystik. Eine Energietankstelle für unser Sein.

Auf dem Geesthang des südlichen Ufers des früheren Urstromtals der Elbe liegend, erstreckt sich das schöne, artenreiche und mit 773 Hektar eines der größten Naturschutzgebiete Hamburgs: die **Fischbeker Heide.** Vielfältige Biotopformen wie Magerrasen, Quellmoore und Waldwiesen wechseln sich mit offenen Feucht- und Trockenheideflächen ab.
Für unsere **Wanderung** treffen wir Daniela Grothues-Vervat, Natur- und Landschaftsführerin, am Wanderparkplatz. Wir spüren sofort, Daniela hat ihre Liebe zur Natur zu ihrem Beruf gemacht. Wir ziehen zu Beginn eine Farbkarte, stärken so unseren Blick für das vielleicht nicht gleich Sichtbare und schärfen unsere Sinne für die **Naturwelt.** Es ist still. Nur das Knacken von Ästen und die Gesänge von Vögeln durchbrechen die Ruhe. Spinnennetze glitzern in der Morgensonne, die Luft ist so rein und klar, dass wir bewusst tiefer atmen. Auf unserem Weg über sich auf und ab schlängelnde Pfade macht uns Daniela immer wieder auf die Gaben der Natur aufmerksam. So wird unser Fokus auf z. B. Rentierflechte, Rosmarinheide und seltene Schmetterlinge wie das Heide-Grünwidderchen gelenkt.
Von einer Anhöhe am Segelflugplatz aus öffnet sich der Blick über die Baumwipfel in das Tal der **Besenheidelandschaft.** In ihrem schönsten Kleid zeigt sich das Naturparadies im Spätsommer, wenn sich die Blüte wie ein lilafarbener Schleier über die Heide legt. Vereinzelte Kiefern und Birken wirken wie grüne und weiße Tupfer in diesem farbigen Naturbild. Das ausgetrocknete Flussbett des Fischbeke Bachs, das vom Quellmoor gespeist wird, führt uns, umsäumt von Blaubeerbüschen und sattgrünen Sträuchern, an den idyllischen Kuhteich. Durch den **Eichenkrattwald** vorbei an der Hochzeitswiese schlendern wir zurück zu unserem Ausgangspunkt.
Wer sich noch mehr Informationen über die Fischbeker Heide wünscht, kehrt im Heidehaus der Loki Schmidt Stiftung ein. Mit etwas Glück kann man hier auch den knuddeligen **Heidschnucken** begegnen.

Für mich!
Im „großen Ganzen“ das Einzelne sehen

Follow me Hamburg, Daniela Grothues-Vervat, Tel. (0 41 83) 9 49 00 78, www.followme-hamburg.de, Treffpunkt: Wanderparkplatz Fischbeker Heideweg, 21149 Hamburg

SEESZENERIE

Surfen, tauchen, sonnen, eisbaden. Im Stadtteil Ochsenwerder am Hohendeicher, auch Oortkatener See, spazieren gehen und den Geist beruhigen. Ostseefeeling genießen und es sich gut gehen lassen.

Um den Ochsenwerder Elbdeich und den Warwischer Hinterdeich vor Überspülungen zu retten, wurde an der Elbseite des alten Vorlandes der **Overwerder Hauptdeich** gebaut. Dafür wurde dem Gebiet zwischen altem und neuem Deich Kies und Klei entnommen und der **Oortkatener Baggersee** (Achtung: steile Abbruchkanten!) war geboren.
Der 62 Hektar große See ist heute **Landschaftsschutzgebiet** und beherbergt eine Vielzahl an heimischen Fisch-, Vogel- und Pflanzenarten. Haubentaucher, Höckerschwan und Blesshuhn sind hier zu Hause. Zander, Karpfen und Flussbarsche locken Angler an. Wasserknöterich und Spreizender Wasserhahnenfuß schmücken die Wasserlandschaft.
Im Sommer kann man auf **Liegewiesen** die Sonne genießen, Ball spielen, grillen oder in der überwachten **Badebucht** im Süden sogar den Sand unter den Füßen spüren und in das klare Wasser eintauchen. Im Winter ist **Eisbaden** angesagt. Während ein Campingplatz das östliche Ufer ausmacht, sind Wassersportler am Westufer aktiv. Ruhiges Wasser macht den See zu einem wunderbaren Einsteigergebiet.
Windsurfing Hamburg bietet Anfänger- und Fortgeschrittenenkurse in **Windsurfing, Stand-up-Paddling, Wakeboarding** oder dem neuesten Trend: **Wingfoilen.** Ob sportlich mit dem Wind die eigene Kraft fühlen und nutzen oder entspannt auf dem SUP die Natur genießen, hier kann jeder einen tollen Tag auf dem Wasser verbringen.
Wenn weiße Segel in der blau-grünen Kulisse tanzen, dann veranstaltet der Segelclub Vierlande eine **Regatta.** Mehrmals im Jahr kann man diesen wunderschönen Anblick bestaunen und mitfiebern.
Auch **Taucher** schätzen den beliebten „Ottisee“. Von der Tauchbasis des DUC Hamburg können der biologisch interessante Uferbereich, die Fischfauna, versunkene Ruderboote oder auch ein Unterwasseriglu, das die Polizei Hamburg zu Ausbildungszwecken versenkt hat, betaucht werden.

Für mich!
Aktiv und entspannt erholen

Oortkatener oder Hohendeicher See, Overwerder Hauptdeich, 21037 Hamburg

ALOHA IM HERZEN SPÜREN

Wie ein Kurztrip nach Hawaii und eine Verabredung mit der Seele fühlt sich die Massage Lomi Lomi Nui an. Mithilfe ausgleichender Lebensflussenergien empfangen wir die heilsamen Gaben der Hingabe.

Lomi Lomi Nui ist eine hawaiianische Heilmassage, die einzigartiges Wohlgefühl und innere und äußere Harmonie vermittelt. Diese **heilige Tempelmassage** hat ihren Ursprung in der Huna-Philosophie, die auf dem 5000 Jahre alten Wissen der Kahuna-Schamanen über die Heilkräfte der Natur und des menschlichen Körpers basiert. Frauke Woller ist Huna-Beraterin, anerkannte Heilerin nach den Richtlinien des Dachverbandes Geistigen Heilen e.V. Sie lebt ihre Berufung. Die Praxis liegt mit schönem Blick auf den Serrahn-Hafen zentral im Herzen von Bergedorf. In den lichtvollen Räumen schwingt der **Aloha-Spirit,** der Ausdruck gelebter Liebe, der auch durch Fraukes Wesen wirkt. Man fühlt sich direkt „E komo mai" – „herzlich willkommen!".

Für mich!
Gehalten, tief verbunden und geliebt fühlen

Nach einem Vorgespräch, wo der Wunsch als geistiger Impuls für die **Massage** empfangen wird, folgt eine **Fußwaschung,** die Verbundenheit schafft. Auf einer wohltemperierten Bank liegend, beginnt die Behandlung mit dem Rücken, der nach schamanischer Sichtweise der Ort der Vergangenheit ist. Im Anschluss wird der vordere Teil des Körpers massiert, wobei der Bauch als Ort der Emotionen und der Erinnerungen gilt. Der Weg in die Zukunft wird geöffnet, um sich die Weisheit und Kraft aus der Vergangenheit zu holen. Mithilfe der harmonisierenden Huna-Heilströme und der geistigen Botschaft „Altes loslassen, leer werden, um Neues zu empfangen", lösen sich Verspannungen im Körper und Blockaden auf seelischer Ebene.
Begleitet von hawaiianischen Klängen führen wellenartige Bewegungen und fließende Streichungen mit den Unterarmen und warmem Öl den Körper in tiefe Entspannung. Die **Selbstheilungskräfte** werden angeregt, sodass die Lebensenergie wieder frei fließen kann. Das wohltuende Körperritual wirkt reinigend und lädt dazu ein, sich und dem Leben liebevoll zu begegnen, um sich voller Urvertrauen dem natürlichen Fluss des Lebens hinzugeben. **Körper, Geist und Seele** sind wieder **im Einklang.**

Heilmassagen, Frauke Woller, Alte Holstenstraße 72, 21029 Hamburg, Tel. (01 75) 4 68 10 46, www.huna-fraukewoller.de

Das Heilwissen der Kahunas

Der Seele lauschen

DER ALOHA-SPIRIT – IN WAHRHEIT IST ES NUR GELEBTE LIEBE

Huna ist das uralte Heilwissen der Kahunas, der Weisen und Heiler unter den Ureinwohnern Hawaiis. Es handelt sich um eine überlieferte ganzheitliche Medizin und Heilkunde. Über viele Jahrhunderte hinweg hat sich dieses geheime Urwissen der Menschheit unbeeinflusst von außen bis heute erhalten. Ein Kahuna-Schamane lehrt, auf die Stimme der eigenen Seele zu hören, die Sprache der Seele zu erlernen, sich auf ihre Botschaften einzulassen und danach zu leben. Pflanzliche Essenzen, Mentaltechniken, Energiearbeit und spirituelle Übungen dienen sowohl der Prävention als auch der (Re-)Aktivierung unserer innewohnenden Selbstheilungskräfte. Der Erfolg ist ein Leben in Gesundheit, kraftvollem Urvertrauen und innerem Frieden.

„Huna" bedeutet „geheimes oder verborgenes Wissen". Bereits in der Auflösung des Wortes liegt der Schlüssel zum Geheimnis verborgen: Es bezeichnet die Einheit der beiden Komponenten „Hu“ und „Na“. „Na“ beschreibt im Hawaiianischen die Weisheit als weibliche Komponente der Urquelle („Akua“). „Hu“, die männliche Wissenskomponente, muss in der Spiegelung der Polarität mit „Na“ verbunden werden, um so wieder in das Licht („La'akea“) durch Liebe („Aloha“) in die Einheit, Ganzheit und Vollkommenheit des ewigen Seins zurückkehren zu können. Als geistige Wesen, die menschliche Erfahrungen in der Dualität des Seins machen, brauchen wir die Dunkelheit und damit die Polarität, um uns als lichtvoll zu erkennen, zu erfahren und zu entfalten. Der Sinn unseres Seelenweges ist, Erfahrungen zu machen, unsere Lektionen zu lernen, uns zu entwickeln und Freiheit, Selbstermächtigung und bedingungsfreie (Selbst-)Liebe zu lernen und zu leben. Aus der Sicht der Kahunas entspricht es unserer Lebensaufgabe, unsere Lebensenergie („Mana“) wieder in den freien, natürlichen Fluss zu bringen, Blockaden zu lösen, Energie aufzubauen und diese bewusst auf die Ziele zu lenken, die uns wichtig sind.

Das liebende Göttliche wird im Außen und im eigenen Inneren erfahren und zeigt sich in jedem Lebewesen, welches als ein einmaliger und liebenswerter Teil eines großen Ganzen gesehen wird. Im Aloha-Spirit spiegeln sich innere und äußere Harmonie, Demut, Ehrfurcht und Achtung vor allem Leben und die Anerkennung der Einmaligkeit und göttlichen Präsenz des anderen wider als

- A: Ala – Bewusstheit
- L: Lokahi – Einheit aller Dinge
- O: Oiaio – Ehrlichkeit
- H: Haahaa – Demut
- A: Ahonui – Ausdauer

Die tiefere Bedeutung zeigt sich im freudvollen Teilen (= „Oha“) des „Atems der Urquelle“ (= „Ha“) als Lebensenergie in der Gegenwart und Zentrum des Universums (= „Alo“). Das Aloha-Prinzip der „Gelebten Liebe“ steht für eine spirituelle, mentale und emotionale Einstellung und Ausrichtung, die genährt wird durch die innere und äußere Haltung und Harmonie „Leben und leben lassen“. Im Einklang mit der universalen Schöpferkraft zu sein, bedeutet, Liebe zu leben.

43 *Meine Kraftquelle*

EINMALIGE PADDELTOUR

Es ist paradiesisch, die 22 Kanäle rund um die Alster Hamburg zu erkunden. Hier eröffnet sich eine besondere Welt und macht die Schönheit der Natur inmitten des Urbanen vom Wasser aus erlebbar.

Die **Bootsvermietung Dornheim** liegt am malerischen **Osterbekkanal** im Stadtteil Winterhude. Bis Ende der 1990er-Jahre wurden in der hauseigenen Werft die Boote selbst gebaut. Heute besticht das Unternehmen durch den Bootsverleih und das bezaubernde Café & Restaurant Zur Gondel.
An sonnigen Tagen ist es ratsam, früh aufzustehen und vor allen anderen auf den Wasserstraßen zu sein. Die Stille verleiht dem Gefühl, kraftvoll über das Wasser zu schweben, einen ganz besonderen Zauber. Ob **Alsterkanu, Paddel- oder Tretboot,** ob sportlich oder gemütlich, hier kann man sich ganz individuell herausfordern oder es sich in einer der venezianischen Gondeln gemütlich machen und sich völlig still dahingleitend über die Kanäle tragen lassen.
Für einen rund 3 Stunden langen Törn rudern wir gleich links in den **Barmbeker Stichkanal,** der uns vorbei an wunderschön bewachsenen Ufern gen Stadtpark führt. Ein kleiner **Abstecher in den Stadtparksee** lohnt sich. Hier hat man einen herrlichen Blick auf die Festwiese und das Planetarium. Über den **Goldbekkanal** geht es dann weiter in den **Rondeelkanal.** Weiden ranken in das Wasser, Baumkronen formen ein Gewölbe aus Grün, durch das die Sonne blitzt. Immer wieder kreuzen wir im Wasser gelegene Entennester, Schwäne und Gänse. Ein wahres Idyll ist der Rondeelteich, ein 140 Meter breiter Teich, der von Jugendstilvillen und uralten Bäumen umsäumt ist und tatsächlich nur von der Wasserseite einsehbar ist. Über eine kurze Strecke geht es weiter in den **Leinpfadkanal.** Rhododendren, Rotbuchen und romantische Gärten verwöhnen das Auge. Über den Alsterlauf rudern wir hinter der Krugkoppelbrücke hin zur Außenalster. Der Blick weitet sich. Segelboote wiegen sich im Wind. Über den langen Zug und den **Osterbekkanal** geht es dann schon städtischer vorbei an alten Fabrikgebäuden und Wohnhäusern zurück zum Ausgangspunkt. Hier unbedingt noch in der Gondel einkehren und mit Blick auf das Wasser etwas Leckeres genießen.

Für mich!
Sacht getragen und kraftvoll verbunden fühlen

Bootsvermietung Dornheim & Restaurant Zur Gondel, Kaemmererufer 25, 22303 Hamburg-Winterhude, Tel. (0 40) 2 79 41 84, www.bootsvermietung-dornheim.de

MIT LIEBE GESTALTEN

Basteltechniken lernen, sich künstlerisch ausprobieren und dabei den Kopf aus- und das Herz anschalten. Voller Hingabe kreative Schöpfungsmomente in ihrer vollen Schönheit und Freiheit erleben.

Mitten in Eimsbüttel hat Claudia Petruschke eine zauberhafte **Kreativwerkstatt** geschaffen. In der Bastelliebe kann unter Claudias angenehmer und genauer Anleitung mit ausgewählten Materialien ausprobiert und gestaltet werden. Von Siebdruck über Kerzen Dip Dye, von Punch Needle bis Handlettering Workshops – hier findet jeder Bastelfreund Inspiration und Zauber, um nach einem schönen Abend in ruhiger Atmosphäre stolz das selbst gemachte Herzensprojekt mit nach Hause zu nehmen.
Schnieke ist ihr kleiner Laden. Wir bewundern die an den Wänden hängenden selbst gemachten Werke. Auf den hellen Tischen ist die Grundausstattung für das **Dried Flower Wallhanging** bereits für uns vorbereitet. Loops, Schere und Draht liegen parat und eine Auswahl an Naturmaterialien schmückt die Tischmitte. Claudia ist eine wunderbare Gastgeberin und erklärt uns die Basteltechnik ruhig und voller Hingabe. Ob Pampasgras, blauer Rittersporn, weiße Phalaris, buntes Lagurus-Samtgras, naturfarbener Hafer oder sattgrüner Eukalyptus, die Auswahl an wunderschönen Trockenblumen ist immens und unsere Kreativität darf sich frei entfalten.

Für mich!
Basteln, innehalten und das „Entstehen" genießen

Auf ein Bett aus verschiedenen Gräsern – fein abgestuft, um ein harmonisches Bild zu kreieren – setzen wir Farbtupfer aus zarten Blumen und Zweigen und arbeiten uns so Sträußchen für Sträußchen und **Schritt für Schritt** vor. Die Zartheit der Naturgaben fordert einen vorsichtigen, sachten Umgang, wodurch wir ganz ruhig und bedacht in den **Moment der Kreation** eintauchen. Die Atmosphäre in der Bastelliebe ist dabei so unterstützend und Claudias Hilfestellungen sind so achtsam, dass unsere Gedanken ruhen und unser Herz vor Begeisterung höherschlägt. Zwei Drittel des Loops werden bekranzt, bis wir den Abschluss bilden. Zu spüren, wann ein selbst gemachtes Werk „fertig" ist, ist ein fast magischer Moment. So entsteht ein individuelles Wallhanging wie ein Ausdruck des jetzigen Seelenmoments. Jedes Mal anders, jedes Mal neu.

Bastelliebe Kreativwerkstatt, Claudia Petruschke, Weidenallee 2 a, 20357 Hamburg, Tel. (01 76) 64 48 93 12, www.bastelliebe-hamburg.de

45 *Meine Kraftquelle*

BODENSCHÄTZE BERGEN

„Ein Himmelreich beginnt im Boden.“ Gucken, staunen und Artenvielfalt entdecken. Kartoffeln sind köstlich und liefern energiereiche Wurzelkraft. Sie selbst zu ernten, ist ein erdendes Erlebnis.

Eingebettet in das Naturschutzgebiet Duvenstedter Brook und geprägt von der Flusslandschaft Oberes Alstertal, liegt das **Gut Wulksfelde.** Seit 1989 wird hier ökologische Landwirtschaft mit viel Liebe zum Detail im Einklang mit den ureigenen Rhythmen der Natur kultiviert. Neben dem Ackerbau wachsen hier 220 Tiere, darunter zufriedene Rinder, Schafe, Schweine und muntere Hühner, artgerecht auf. Die Wulksfelder leben ihre **Biokultur** und erfreuen sich selbst an Wachstum, Vielfalt und Schönheit. Dazu gehören eine eigene Gutsbäckerei, eine Gärtnerei, eine Imkerei, ein Hofladen mit Lieferservice und Onlineshop, das Biorestaurant Gutsküche mit köstlicher Landhauskost und das GutsDeli, wo man herzhafte Kleinigkeiten oder Kaffee- und Kuchenköstlichkeiten genießen kann. Hof- und Kräuterführungen, Eselspaziergänge, Bauernmärkte, Verkostungen im Hofladen, Entdeckertouren und Genussabende oder Backkurse für Kinder – das Angebot ist riesig. Ganz nach dem Motto: „Erleben, wie das Gute vom Gut entsteht!“

Für mich!
Die genussvollen Gaben der Natur empfangen

Die **Kartoffel** hat auf dem Hofgut eine lange Tradition. Auf 42 Hektar werden viele verschiedene Sorten angebaut. Neben Kartoffeln gibt es auch **Erdbeeren, Heidelbeeren,** Blumen zum Selberpflücken und die Möglichkeit, eine „Blühwiesenpatenschaft“ zu übernehmen. Im Spätsommer ist Erntezeit. Kartoffelspezialitäten und Bioleckereien laden beim traditionellen Kartoffelmarkt zum Schlemmen ein. Kunsthandwerker präsentieren Hochwertiges aus Holz, Stein, Filz und Wolle. Ein buntes Kinderprogramm lässt kleine Entdeckerherzen höherschlagen.

Wir ernten die Genussknollen eigenhändig vom Acker. Mit Eimern, Spaten und festem Schuhwerk ausgerüstet ziehen wir los. Die Erdäpfel warten nur darauf, von uns geborgen zu werden. Wir wühlen, graben und sammeln ein. In Säcke abgefüllt nehmen wir unsere **Ernte** voller Dankbarkeit und mit viel frischer Landluft in den Lungen mit nach Hause. Mutter Natur hat uns reich beschenkt.

Bioland-Hof Gut Wulksfelde, Wulksfelder Damm 15–17, 22889 Tangstedt, Tel. (0 40) 6 44 25 10, www.gut-wulksfelde.de

46 *Meine Kraftquelle*

IM SAND (VER)LAUFEN

Nordseefeeling am Rande der Stadt. Eiszeitliche Geschichte erleben und dabei mit feinem Sand an den Füßen und Sonne im Herzen die Zeit in dieser einzigartigen wandernden Sandkiste vergessen.

Die **Boberger Niederung** ist etwa 350 Hektar groß, eines der vielfältigsten Naturschutzgebiete der Hansestadt. Auf vier Wegen kann man Moor-, Heide- und Marschlandschaften durchqueren, im Baggersee baden, Segelflugzeugen zuschauen und den Artenreichtum der Natur bewundern. Ein besonderes Highlight ist Hamburgs letzte Wanderdüne. Es hat etwas Mystisches und Unerwartetes, vom Parkplatz kommend dem Wegweiser zu folgen und in dieser **weiten Dünenlandschaft** zu landen. Hier am Rand des Elbe-Urstromtals, das vom Schmelzwasser der letzten Eiszeit geformt wurde, brachten Nordsee- und Elbehochwasser Schwebstoffe mit, die sich ablagerten. Starke Winde formten in der Folgezeit mächtige Dünen am Fuße der Geestkante. Viel des Sandes wurde vom Menschen abgetragen, aber zum Glück blieb uns ein Teil der Dünen erhalten.

Für mich!
An einem bewegten Ort die Zeit anhalten

Auf dem rund 3,6 Kilometer langen Dünenweg spazieren wir an **Mager- und Trockenrasen** sowie lilafarbenen **Heideflächen** entlang. Der Rundweg führt uns, gesäumt von wunderschönen **Birkenhainen,** direkt zur großen Sanddüne. Es erfüllt uns mit Glück, durch den tiefen Sand zu stapfen und in die Weite zu atmen. Die Natur in dieser bizarren, scheinbaren Ödnis schenkt seltenen Tierarten wie der Blauflügeligen Ödlandschrecke und dem Berg-Sandglöckchen ein Zuhause. Rund 650 Pflanzenarten, darunter diverse Orchideen, wachsen in diesem Naturparadies. Mohn sprießt am Wegesrand und der Reiher baut sein Nest an der Bille. Vielleicht entdeckt man auch den Wachtelkönig oder den Eisvogel. Der Haarteich liegt im feinen Dünensand und beherbergt die Kreuzkröte.
Im angrenzenden Boberger Dünenhaus der Loki Schmidt Stiftung findet man alles rund um Geschichte und Naturkunde dieses botanischen Juwels. Ein Ausflug in diese wunderschöne Landschaft schenkt Ruhe, Inspiration und macht uns bewusst, **wie das Gestern im Heute lebt,** Zeit relativ ist und ihr Wandel gleichzeitig unweigerlich spürbar bleibt.

Boberger Dünen, Parkplatz an der Straße Boberger Furt, 21033 Hamburg

FJÄLLRÄVEN
KÅNKEN

ENGELSBOTSCHAFTEN

Dieser Engelmeditations- und Aufstellungsabend schenkt uns Licht, Liebe und kosmische Unterstützung. Rituale und Heilreisen sind heilige Handlungen, um unsere Schöpferkraft auf die Erde zu holen.

Das grow. ist für die Gründerinnen Meike Tietböhl und Julia Crüsemann ein **„Raum für Wachstum“.** Hier kann man Yoga praktizieren, meditieren, Soundhealing erleben und Seminare zu Themen wie Achtsamkeit, Tantra oder „Frau sein“ finden. Diese kleine Oase mit Loftcharakter befindet sich in einem denkmalgeschützten Gebäude inmitten des bunten Karoviertels. Wir dürfen Elke Kirchner und ihr kraftvolles Wirken erfahren. Sie ist Schamanin der „Neuen Zeit“, mediale Heilerin und steht als Engelmedium mit den feinstofflichen Ebenen, der geistigen Welt, in Kontakt. In uns allen sprudelt eine **Kraftquelle,** die uns jederzeit auflädt und uns in allen Lebenslagen liebevoll unterstützt. Die himmlischen Helfer sind stets an unserer Seite und begleiten uns durch unser Leben. Elkes Wunsch ist es, so vielen Menschen wie möglich den Zugang zu diesem heilsamen Strom der Liebe, Kraft und Selbstermächtigung wieder zu öffnen. Sie kann **Blockaden im Energiesystem** und auf dem Lebensweg aufspüren und diese mit der Hilfe des Himmels in heilsamen Aufstellungen und Meditationen auflösen.

Für mich!

Himmlische Helferkraft und Güte empfangen

Elke beginnt den Abend mit einem Sich-Einschwingen auf das Gruppenthema in Resonanz zum Kollektiv. Aus ihrem „holy sack“, einem bunten Beutel mit Inspirationsimpulsen, ziehen wir Karten und erhalten Botschaften, die die heilsame Information für uns in sich tragen. Das Gruppenthema wird nun mit Unterstützung der Engel aufgestellt. So erkennen wir, was in unserem Leben bislang verborgen war, und entdecken als wahre Schätze unsere Gaben und Ressourcen neu.

In der Engelmeditation und geführten Heilreise öffnet Elke uns den Raum zu den Lichtwesen und wir begegnen der bedingungsfreien, zarten und doch **liebe- und kraftvollen Energie der Engel.** Besonders berührend wird es, als Elke uns eine persönliche Botschaft eines Engels vermittelt.

Die hohen Schwingungen der „Neuen Zeit“ bewirken, ganzheitlich in unserem Sein (Körper, Geist und Seele), mit allem, was ist, Heilung zu erfahren.

Soul-Power-Events, Elke Kirchner, Tel. (01 71) 1 25 84 38, www.soul-power-events.com, im **grow.,** Karolinenstraße 7 a, 20357 Hamburg, www.grow-hamburg.de

Ruhe, die das Herz umarmt

Meditation „Atemraum mit Mitgefühl“

„METTA SUTTA“ – LIEBENDE GÜTE PRAKTIZIEREN

Als fühlende Wesen haben wir den natürlichen Wunsch, frei von Leiden und für andere da zu sein. Was uns Menschen eint, ist die Sehnsucht nach Glück und Verbundenheit, die im tiefsten Herzen ein Verlangen nach Einheit ist. Doch oft stellen wir fest, dass Selbstzweifel, Bitterkeit, Schamgefühle sowie Zorn, Angst, Wut, Neid oder Anhaftung, also übernommene negative Gefühle, uns im Weg stehen. Bevor wir für andere da sein können, müssen wir die eigenen Verletzungen und emotionalen Wunden heilen. Wir dürfen unser liebesfähiges Herz öffnen und uns selbst und anderen liebevoll begegnen. Wenn wir uns berühren lassen, können wir aus unseren ureigenen Glücksquellen schöpfen: liebende Güte, Warmherzigkeit, Mitgefühl und Großzügigkeit.

„Metta“, das in Pali „Liebe“, „Güte“ oder „liebende Güte“ bedeutet, enthüllt unser strahlendes Herz und lässt die Welt an diesem Leuchten teilhaben. Wir finden wieder eine Verbindung zu uns selbst und allen anderen Lebewesen. Wir befreien uns von der Illusion des Getrenntseins, entdecken in uns eine Quelle großen Glücks und können in unserer natürlichen Freiheit leben. Buddha sah den Weg zu dieser Freiheit in der vollkommenen Befreiung des Herzens, in der bedingungsfreien Liebe. Er lehrte, dass wir alle in unserem Wesenskern gut und liebevoll sind und dass wir unser Herz systematisch aus einer isolierten Enge zu wahrer, tiefer Verbundenheit führen können.

„Metta" ist die erste der „Brahmavihara", was mit „himmlische Heimat" oder „erhabene Wohnstätten" übersetzt werden kann. Die anderen – Mitgefühl („Karuna"), Mitfreude („Mudita") und Gleichmut („Upekkha") – folgen aus „Metta", die diese Qualitäten fördert und erweitert. Wenn wir diesem Weg folgen, lernen wir, heilsame Eigenschaften zu unterstützen und unheilsame Eigenschaften sein zu lassen.

Unheilsame Eigenschaften, die wir gewohnheitsmäßig mit uns herumtragen, sind uns eine Bürde. Das Unheilsame lässt sich nicht so einfach aufgeben, indem wir das vertraute Gefühl von Getrenntsein ärgerlich beiseiteschieben. Es geschieht vielmehr, indem wir lernen, uns selbst und alle Lebewesen zu lieben. Statt verbissen an den unheilsamen Eigenschaften festzuhalten, die uns und anderen schaden, können wir sie ablegen wie eine beschwerliche Last.

Das Gute pflegen bedeutet, selbstermächtigt die strahlende Kraft der Liebe zu erwecken, die in uns verborgen liegt. Die praktizierte „liebende Güte" ist Grundlage der Achtsamkeitsmeditation. Sie wurzelt in der gleichen, nicht wertenden, nicht besitzergreifenden, nicht urteilenden Orientierung im gegenwärtigen Erfahrungsaugenblick. Durch diese innere Haltung und Qualität werden Ruhe, Klarheit und Reinheit des Geistes und des Herzens sowie tiefes Verstehen möglich. Sobald wir mit unserem ursprünglichen Potenzial von „Metta", zu lieben und glücklich zu sein, Verbindung aufnehmen, wird es hell. Das Üben und Kultivieren von „Brahmavihara" ist der Weg, dieses Licht in uns anzuzünden und brennen zu lassen. Es ist ein Prozess tiefer spiritueller Wandlung.

48 *Meine Kraftquelle*

NATURWEGWEISER

Innehalten und in die Neuausrichtung gehen. Das Verbinden mit der Natur erleichtert das „Bei-sich-Ankommen". Die Schönheit der grünen Seite Hamburgs zu bewahren, wird zu einem Herzenswunsch.

Das Elbe-Tideauenzentrum liegt im Südosten der **Insel Wilhelmsburg** an der Bunthäuser Spitze. Hier informiert die Gesellschaft für ökologische Planung e.V. über die Besonderheit der **Süßwassertideauen.** Im alten Stackmeisterhaus erfahren wir anhand selbst gebauter Exponate Wissenswertes über die lokale Natur, Pflanzen- und Tierwelt. Auf der Naturerlebnisfläche im Außenbereich finden wir Obstbäume, ein Insektenhotel und einen kleinen Teich. Tide, Deichbau und Flussregulierung werden hier erfahrbar gemacht. Als gemeinnütziger Naturschutzverein möchte die Gesellschaft schützenswerte Lebensräume bewahren und zu einem respektvollen Umgang mit Natur und Umwelt anregen.

Für mich!
Naturverbunden ankommen und neu ausrichten

Bei einem 2 Kilometer langen Rundgang wird die Tideauenlandschaft am fußläufig erreichbaren **Naturschutzgebiet Heukenlock** erlebbar. Der nacheiszeitliche Anstieg des Meeresspiegels und der darauffolgende Gezeitenrückstau formten diese besondere Landschaft im Stromspaltungsgebiet der Elbe, die von Sümpfen und Wasserwildnis geprägt war. Heute begeistert uns auf einer Fläche von 3 Kilometer Länge und bis zu 400 Meter Breite Hamburgs schönster Urwald aus Süßwasserwattflächen, Tideröhrichten und Auwaldresten. Hier finden seltene und bedrohte Pflanzen- und Tierarten eine Heimat, wie z. B. der Schierlings-Wasserfenchel, die Schachbrettblume oder der Seeadler. Unweit vom **Elbe-Tideauenzentrum** führt uns ein Pfad auf dem Leitdamm über die Landzunge der Bunthäuser Spitze zum 1904 errichteten **Leuchtfeuer Bunthaus.** Umrahmt vom grünen Blätterdach der Linden und ausgedehnten Schilfzonen geleiten uns die Norder- und die Süderelbe auf beiden Seiten. Am Ende des alleeähnlichen Weges mutet uns der Leuchtzwerg in seinem grün-roten Holzoutfit fast kindlich an. Mit nur 19 Stufen haben wir den 6,95 Meter hohen, denkmalgeschützten Leuchtturm erklommen. Es eröffnet sich ein **weiter Blick** über Ufer, Wiesen, Deiche und die Flussgabelung, links Hamburg, rechts Niedersachsen.

Elbe-Tideauenzentrum Bunthaus, Moorwerder Hauptdeich 33, 21109 Hamburg, www.goep.hamburg

49 *Meine Kraftquelle*

SCHWERELOS ENTSPANNEN

Auf sich selbst zurückgeworfen werden und einfach niemand sein müssen … Komplettes Loslassen im Ruhe- und Fürsorgemodus, dabei wohlig im Solebad schweben und das Salz auf der Haut wirken lassen.

Das **Kaifu Bad** in Eimsbüttel ist ein echter Kultort und mit seinen 120 Jahren das älteste noch aktive Hallenschwimmbad Deutschlands. 2016 wurde der zweite Gebäudeteil, die Kaifu Sole, denkmalgetreu restauriert. Unter charakteristischen Rundbögen in der wunderbar hellen Architektur kann man Körper, Geist und Seele etwas Gutes tun. Hier verbirgt sich Hamburgs einzige Floating-Therme mit einem 17 x 11 Meter großen Floating-Becken. **Floaten** bedeutet sich hingeben. Sich tragen lassen. Loslassen. So schweben wir auf der Oberfläche einer 6-prozentigen Lösung aus Wasser und mineralienreichem Steinsalz aus der Natursole Sülbeck bei einer angenehmen Wassertemperatur von 32 Grad Celsius. **Wohltuende Klänge** erreichen uns über und unter dem Wasser. Die Gedanken kommen zur Ruhe. Das **Gefühl der Schwerelosigkeit** scheint die Grenzen unseres Körpers aufzulösen. Unsere Wirbelsäule, Gelenke und Muskulatur werden entlastet. Verspannungen lösen sich. Die Haut wird in ihren Heilungsprozessen durch das Salzbad unterstützt.

Für mich!

Vom Wasser getragen und von der Luft gereinigt

Nach dem Floaten entspannen wir bei 60 bis 65 Grad Celsius in dem rötlichen, Geborgenheit schenkenden Licht der **Himalaya-Salzstein-Sauna.** Zweimal täglich gibt es meditative Klangaufgüsse oder Soleinhalationen. Das Dampfbad fördert durch das Zusammenspiel aus 45 Grad Celsius und einer Luftfeuchtigkeit von 90 bis 100 Prozent die Durchblutung und wirkt sich positiv auf die Atemwege aus. Zusätzlich verwöhnen wir unsere Haut mit einem hausgemachten Kräuter-Salz-Peeling. Zwischen den Saunagängen kühlen wir uns im **Kalttauchbecken** ab.

Eine weitere Besonderheit der Kaifu Sole ist das **Gradierwerk.** Über ein Holzgerüst mit Reisigbündeln tröpfelt salzhaltiges Wasser, das vorab von der Solequelle gespeist wurde. Durch die natürliche Verdunstung wird die Salzkonzentration in der Umgebung zusätzlich erhöht und der ganzheitlich positive Effekt der Sole verstärkt.

Kaifu Sole, Hohe Weide 15, 20259 Hamburg, Tel. (0 40) 18 88 90

ADEL VERPFLICHTET

Dieses Kulturdenkmal hat sich gemäß dem historischen Zeitgeist der Erneuerung voller Würde in ein lebendiges Veranstaltungshaus gewandelt. Eine stilvolle Einkehr lässt auch uns glanzvoll aufleben.

Am östlichen Stadtrand, umrahmt von einem malerischen Park am idyllischen Mühlenteich, thront das **Schloss Reinbek.** Es ist das bedeutendste Renaissanceschloss Norddeutschlands. Das ehemalige Jagdschloss von Herzog Adolf zu Schleswig-Holstein aus dem 16. Jahrhundert beeindruckt durch seine fantastische Architektur und die kostbar bemalten Holzbalkendecken. Heute dient es als Kunst- und Kulturzentrum. Hier wird die Tradition gepflegt, Gästen und Freunden des Schlosses erlesene Produkte anzubieten. Bei der Reinbeker SchlossPartie kann man nach Herzenslust schauen, stöbern und erwerben, was an zahlreichen Ständen zu den Themen Wohnen, Mode, Freizeit und Garten präsentiert wird.

Für mich!
Herrschaftlich wandeln und wandern

Mit seinem wertvollen alten Baumbestand ist der **pittoresk angelegte Schlosspark** ein Ort zum lustvollen Schlendern und Verweilen. Wer sich hier achtsam von seinen Sinnen leiten lässt, dem werden der verwunschene Laubengang, die herrlichen Sichtachsen und die zauberhaften Spiegelungen im Wasser auffallen.

Dank der naturnahen Lage ist hier ein beliebter Startpunkt für Rad- oder Wandertouren in den Sachsenwald und entlang der Bille. Für eine kleine Wanderung folgen wir einem etwa 1,5-stündigen **Rundweg Richtung Mühlenwehr.** An dieser Stelle standen früher Korn- und Gerbermühlen. Vorbei am rauschenden Wasser des Wehrs geht es weiter zum Südufer des Mühlenteichs. Von hier aus offenbart sich uns ein wundervoller Ausblick auf das Schloss. Wegaufwärts öffnet sich linker Hand der Wohldorfer Kirchenstieg. Dieser Waldwanderweg schlängelt sich durch eine märchenhafte Naturlandschaft direkt bis zum Tonteich.

Zurück am **Schlossteich,** lassen wir vom Steg unsere Füße ins Wasser baumeln und schauen den entzückenden Stockenten beim Rumpaddeln und entspannten Sonnenbaden zu. Zum Ausklang gönnen wir uns auf der Terrasse des Schlossrestaurants Bringezu in lauschiger Atmosphäre einen leckeren Salat mit saisonalen Köstlichkeiten und ein erfrischendes Getränk.

Schloss Reinbek, Schloßstraße 5, 21465 Reinbek,
Tel. (0 40) 72 75 08 11, www.schloss-reinbek.de

51 *Meine Kraftquelle*

FLUSSVERLIEBT SCHIPPERN

Mit einem leckeren Rosato Spritz in der Hand auf dem „schwimmenden Balkon“, dem Oberdeck der „Serrahn Queen“, Hamburgs traumhaften grünen Vorgarten, die Marschlande, entdecken und genießen.

Die Gründung der **Bergedorfer Schifffahrtslinie** hauchte 1998 dem bis dato verschlafenen Bergedorfer Hafen am Serrahn wieder Leben ein. Das passionierte Team der Flotte, bestehend aus den Fahrgastschiffen „Serrahn Queen“ und „Serrahn Deern“, begeistert seitdem Menschen für die Erkundung der Natur und Städte über Wasserwege.
Für die Marschlanden-Fahrt finden wir im stilvollen Salon der „Serrahn Queen“ Platz. Große Fenster eröffnen uns einen Blick in die **wunderschöne Flusslandschaft.** Dabei können wir Heiko Buhr, Geschäftsführer und Kapitän, beim Navigieren über die Schulter schauen. Er sitzt persönlich am „Steuerrad“ und informiert mit charmantem Humor und viel Insiderwissen über Hamburgs grünen Vorgarten.
Wir starten auf einer der ältesten künstlichen Wasserstraßen Deutschlands, dem alten Schleusengraben, der die Zufahrt zum Bergedorfer Hafen bildet. Im Süden dessen liegt die **Krapphofschleuse,** die die abgedeichte Dove Elbe mit der Bille verbindet. Über einen Hub von 0,50 Metern werden wir auf die Dove Elbe hinuntergeschleust.
Vorbei an Feldern mit den für die **Viermarschlanden** typischen „Dalmatinerkühen“, riesigen Kolonien von Wildgänsen, Fischreihern und farbenprächtigen Eisvögeln schippern wir durch die reizvolle Marschlandschaft. Wir passieren historische Reetdachhäuser, uralte Kirchen und erfreuen uns an der **Landhausarchitektur** am Allermöher Deich nahe dem Krapphof. Die wunderschöne Holländer-Windmühle Reitbrooker Mühle ist bis heute in Betrieb und liegt romantisch eingerahmt hinter altem Baumbestand. An der Allermöher Werft vorbei geht es bis zur Regattastrecke. War das Fahrwasser eben noch schmal und seerosenverhangen, öffnet sich hier eine breite Bahn. Rechts der Eichbaumsee, links die Abzweigung in die Gose Elbe und wir schippern weiter bis hin zur **Tatenberger Schleuse.** Hier drehen wir und nehmen Kurs zurück nach Bergedorf.

Für mich!
Entspannen im grünen Wasserparadies

Bergedorfer Schifffahrtslinie Buhr, Alte Holstenstraße 64, 21029 Hamburg, Tel. (0 40) 73 67 56 90, www.barkassenfahrt.de

14:50

EINZIGARTIG KREATIV

„Bewahret eure Spuren!“ Hier gilt jeder Strich, jede Farbe als Teil der kreativen Reise. Jede Aktivität, jede Spur erfährt Wertschätzung, sodass Wahrnehmungssensationen entstehen, die Raum brauchen.

Das Künstlerduo Jan Helbig und Matthias Kulcke gründete im Kreativspeicher M28 mitten in der historischen Speicherstadt die **Produzentengalerie und Malschule Denktraum.** Hier dürfen künstlerische Dimensionen neu erfahren werden. Neben Workshops und Kursen für Zeichnen und Malen finden in dem weitläufigen zweiten Boden des ehemaligen Speichers Ausstellungen, Performances, Installationen und Vorträge statt. Das Dozentendoppel steht für Inspiration, für Perspektivwechsel und dafür, dass das Sich-Einlassen auf eine Moment-zu-Moment-Erfahrung einen **Dialog zwischen Künstler und Bild** erlebbar macht.

Für mich!
Den Weg des inneren Bildes in ein äußeres gehen

Matthias und Jan laden uns ein, das aktuelle Gefühl in den Moment des Malens zu übertragen. So starten wir, indem wir Naturkohle und ihren Kreiseltanz auf dem offenen Blatt spielerisch entdecken. Eine lockere Hand führt uns, unser Körper darf sich auf die Bewegung einlassen und bei konzentrierter Entspannung überrascht uns die **Vielseitigkeit der gefundenen Formen,** Striche und Tempi. Wir erforschen, was während eines einzigen Ausatmers als Geste auf dem Papier erscheint. Über die Negativform, eine flächige Zeichenbewegung, schälen wir das Bild heraus, drehen das Blatt, kreiseln und wechseln zwischen energetischer und figürlicher Wahrnehmung.
Wie unterschiedlich wir das Gezeichnete wahrnehmen, die Flecken verknüpfen, ist Zeichen dafür, wie wir als Menschen trainiert sind, Muster zu erkennen und sie in ein Ganzes zu fügen. Der Betrachter malt also das Bild im eigenen Geist lustvoll weiter. Ob nun Gazelle oder Frau im Kleid, Zitrone oder Löwenmaul – der Fantasie sind keine Grenzen gesetzt.
Und wer sich doch im Bewerten des eigenen Schaffens verirrt, der wird von Jan und Matthias eingeladen, etwas Abstand zu nehmen und einen **neuen Blick auf das Werk zu legen.** „Es gibt nur etwas und etwas anderes.“ Mit dieser Haltung gelingt es spielerisch, aus der inneren Sackgasse herauszukommen und sich für die Reise der kreativen Entfaltung zu öffnen.

Denktraum, Jan Helbig und Matthias Kulcke, Am Sandtorkai 27, 2. Boden, 20457 Hamburg, Tel. (01 60) 3 08 06 07

53 *Mein Tag Urlaub*

WANDERN IM RUHEMODUS

Entschleunigen und bei sich selbst ankommen. Manchmal genügt es, an der Seite eines Esels eine Wanderung am Hohen Elbufer zu machen, um sich geerdet und verbunden zu fühlen.

Als wir bei der **Eselei** eintreffen, begrüßt uns der Natur- und Tierliebhaber Andreas Kirsch sehr herzlich. Für uns ist sofort spürbar, dass hier jemand seine Passion gefunden hat. Der ehemalige Schiffsbauingenieur hat 2016 aus einer Urlaubsträumerei mit seiner Frau Karin Wirklichkeit werden lassen und Die Eselei gegründet. In dem **Paradies für Langohren** in Hamburg-Bergedorf haben mittlerweile die zwei Zwergesel Moritz und Maja sowie die zwei Hausesel Paula und Pinu'u ihr Zuhause gefunden.
Bevor wir uns auf die Tageswanderung mit den Eseln machen, erklärt uns Andreas kurz die Regeln für den Umgang und das Führen der zotteligen Vierbeiner. Die vier kommen sofort angetrabt und schnuppern neugierig. Wir merken beim Kraulen, Putzen und Striegeln gleich, dass wir es hier mit sehr sanftmütigen Wesen zu tun haben, die einen sofort ins Hier und Jetzt holen. Wir verladen die Esel auf ihren Hänger und fahren zum **Hohen Elbufer,** einem Naturschutzgebiet, das sich über 9 Kilometer zwischen Tesperhude und Lauenburg erstreckt. Paula und Pinu'u tragen die Satteltaschen für die geplanten **Picknicks** mit allem, was wir für das menschliche und tierische Wohl brauchen. Von der angeblichen Sturheit der Esel spüren wir nicht viel. Wohl aber von ihrem unersättlichen Appetit. Wenn man sie ließe, würden sie ständig futtern.

Für mich!
Tief verbunden und getragen fühlen

Auf geht's in die Wälder am Steilhang des Elbe-Urstromtals. Hier wechseln sich lichte Hangwälder mit Buchen- und Quellwäldern ab. Den besonderen Reiz dieser Wanderung macht die beeindruckende, vielseitige Landschaft aus. Vom Geestrücken aus werden wir mit einem atemberaubenden Blick über die **Elbmarsch** beschenkt. Immer wieder eröffnen sich am Fuß des Elbhangs naturbelassene Pfade, die zu erkunden in Begleitung unserer Esel fast wie eine Gehmeditation ist. An ihrer Seite bekommen wir ein Gefühl von „Alles ist gut". Totale Hingabe an den Moment und Vertrauen in unseren Weg.

Die Eselei, Andreas und Karin Kirsch, Brookdeich 288,
21029 Hamburg-Bergedorf, Tel. (0 40) 72 97 70 51, www.dieeselei.de

Paula

54 *Mein Tag Urlaub*

BARFUSS IM HERZEN

Hier steht das unmittelbare und sinnliche Erleben der Natur über die Füße im Vordergrund. Es ist, als würden wir scheinbar Bekanntes und doch Neuland betreten.

Der **Barfußpark Egestorf** liegt eingebettet zwischen Wald und Wiesen auf einer Fläche von rund 14 Hektar in der **Lüneburger Heide.** Gleich am Eingang werden Schuhe und Socken in ein Schließfach gepackt. Es fühlt sich erst mal recht komisch an, mit nackten Füßen auf dem Asphalt zu stehen. Doch kurz darauf spüren wir eine kindliche Entdeckerlust und Freiheit, die uns in das pure Fühlen der Erdoberfläche eintauchen lässt.

Schritt für Schritt erforschen wir über die sensitive Erfahrung von Rasengittersteinen, Granitsteinen, Korken, Kieselsteinen, Borken, Schlick etc., was es heißt, sich von festen Vorstellungen im Kopf zu lösen und bereit zu sein, sich für das Unbekannte zu öffnen und mit anderen Augen zu sehen und neuen Füßen zu spüren. Und glaubt uns: Glasscherben sind hier nicht das Problem.

Über die Wasserschräge und das Kneipparmbecken erreichen wir den **Baumspiegel,** der uns die Wipfel zu Füßen legt. Von hier aus ist ein erfrischender und wohltuender Ausflug ans Meer nur ein paar Schritte entfernt. Sobald wir das **Salzineum** in der Nähe des Kräutergartens betreten, spüren wir den Impuls, tief durchzuatmen. In diesem Mikrokosmos aus Salzkristallen, die den kompletten Raum auskleiden, ist es still. Wir riechen das Salz, schmecken es und fühlen es auf der Haut.

Für mich!
Gehen, als ob ich die Erde mit meinen Füßen küsse

Unser Weg führt uns weiter über die 45 Meter lange, frei tragende **Hängeseilbrücke,** die ein kleines Tal im Park überspannt. Zwischen jahrhundertealten Buchen balancieren wir zu einem **Spielplatz der Sinne.** Dreizeitenpendel, Waldmegafon und Balanceklötze lassen uns neugierig ausprobieren. Nachdem wir Torf und nasses Moor auf unsere Füße haben wirken lassen, eröffnet sich eine satte Wiese mit Solitärbäumen. Hochsitznest, Windharfe und Summsteine lassen uns ganz ins Lauschen kommen. Im Yogawald der Stille sind wir inmitten der Urkraft der Bäume eingeladen, an neun Stationen Asanas zu üben. Selbst am Ende des Urlaubstags einfach unsere Füße zu waschen, wird hier zu einem sinnlichen Erleben.

Barfußpark Egestorf, Ahornweg 9, 21272 Egestorf,
Tel. (0 41 75) 15 16, www.barfusspark-egestorf.de

55 *Mein Tag Urlaub*

PILGERN MIT SCHNUCKEN

Wanderschuhe an und Rucksack auf! Willkommen im Reich der Heidschnucken! Unzählige Naturschönheiten reihen sich wie an einer Perlenkette entlang in dieser wunderschönen Kulturlandschaft.

Der **Heidschnuckenweg** verbindet als Qualitätsweg Wanderbares Deutschland auf 223 Kilometern die schönsten Heideflächen der **Lüneburger Heide** miteinander. Wir treffen Detlef Grimm am Wanderparkplatz gegenüber des Heide-ErlebnisZentrums in Undeloh. Detlef ist zertifizierter Natur- und Landschaftsführer und hat darin seine Passion gefunden. Der kostenlose Heideshuttle bringt uns nach **Niederhaverbeck.** Von dort starten wir unsere 14 Kilometer lange Tour auf der vierten Etappe des Heidschnuckenwegs. Wir durchqueren weite Heideflächen, kommen vorbei an Wacholderbüschen und knorrigen Bäumen. Baumpieper, Meisen und Steinschmätzer stimmen ihr vielstimmiges Konzert an. Entlang des Pastor-Bode-Weges wandeln wir auf historischen Spuren des Heidepastors und Begründers des Vereins Naturschutzpark. Die **Besenheide und Glockenheide** prägen mit vereinzelnden Birken und Schafställen das malerische Landschaftsbild. Bienen summen von Blüte zu Blüte. Und wir treffen sogar die „schnuckeligen" Landschaftspfleger und Symboltiere der Heidelandschaft. Mehr als **9000 Schnucken** leben in 13 Herden in der Nord- und Südheide und pflegen diese einzigartige Kulturlandschaft.

Für mich!
Herzschlagmomente durch Naturvielfalt erleben

Stetig leicht bergan „erobern" wir den 169 Meter hohen **Wilseder Berg.** Der höchste Berg der Norddeutschen Tiefebene bietet eine atemberaubende Rundumsicht. Nach dem Gipfelgenuss geht es weiter in das autofreie **Heidedorf Wilsede** zur Mittagspause in der Milchhalle Wilsede. Mit den vorbeifahrenden Kutschen auf der steinigen Dorfstraße ist Wilsede ein Heidedorf wie aus dem Bilderbuch. Erholt und gestärkt wandern wir entlang des ehemaligen Hutewaldes durch das flache und sanft geschwungene **Radenbachtal.** Hin und wieder tauchen die Dülmener Wildpferde zwischen den Bäumen auf. Wir queren die saftig grüne Rinderweide der „Wilseder Roten" und einen hölzernen Steg durch moorigen Wald. Naturverliebt und beseelt kommen wir wieder am morgendlichen Treffpunkt an.

Wanderung mit Detlef Grimm, Tel. (01 51) 26 58 15 68, www.undeloh-und-umzu.de, Treffpunkt: Wanderparkplatz Heide-ErlebnisZentrum, 21274 Undeloh

SEELEN-BEWEGUNG

Mit offenen Sinnen über den Tellerrand unserer Gewohnheiten hinaustanzen. Vertrautes neu erfahren, sich von der Seele führen und nähren lassen. Freudvoll pure Lebendigkeit erleben.

Soul Motion ist Meditation in Bewegung und Tanz als Weg für ein seelenbewusstes Leben. In der geschützten Atmosphäre der Kirche der Stille lauschen wir beim Soul-Motion-Workshop „Neuland“ auf die Stimme unseres Körpers. Edgar Spieker ist autorisierter Soul-Motion-Lehrer, Tanztherapeut, Heilpraktiker für Psychotherapie und Ausbilder der Soul Motion School. Er unterstützt uns darin, zu mehr Lebendigkeit und innerer Ruhe zu finden und neue Erfahrungs- und Entfaltungsräume zu entdecken. Die Wegweiser auf diesem persönlichen **Pfad inneren Wachstums** sind: Selbst-Wahrnehmung, Selbst-Ausdruck und Selbst-Akzeptanz.

Für mich!
Tanzend mich selbst finden

Als Ausrüstung für unsere Expedition benötigen wir bequeme Kleidung, ein offenes und liebendes Herz und eine Handvoll Mut. Wir sind eingeladen, „Neuland“ zu betreten und es in der Bewegung zu erforschen. Diese **Entdeckungsreise** beginnt mit Zeit für uns selbst, um uns selbst zu bewohnen. Erst wenn wir wieder ein Stück mehr „zu Hause“ angekommen sind, beginnen wir, unsere Wahrnehmung in den Raum um uns herum auszuweiten und andere Tanzende mit einzubeziehen.

Wir folgen unseren Bewegungsimpulsen und spüren, was uns nährt und wie der ganz persönliche Ausdruck dazu sein darf. Egal, ob schnell oder langsam, groß oder klein, auch **Momente der Stille** sind jederzeit willkommen. Wir erforschen vier „Landschaften“: den inneren Tanz allein, die Begegnung mit einem Partner, Verbundenheit mit der Gemeinschaft und schließlich das Einschwingen in den großen Tanz des Universums.

Der Tanz ist eine wunderbare Möglichkeit, **Neues zu erkunden.** Wir betreten „Neuland“ in jedem Augenblick unseres Lebens, wenn wir den Mut haben, die Brille der Gewohnheit abzulegen und mit kindlicher Neugier zu erleben, was gerade ist. Wir erfahren unser Sein und lernen, wie wir die Magie des Augenblicks nutzen können, um präsenter, freudvoller und beseelt durchs Leben zu tanzen.

Soul Motion, Edgar Spieker, Tel. (0 40) 40 13 17 47, www.edgarspieker.de, in der **Kirche der Stille – Christophoruskirche,** Helenenstraße 14 a, 22765 Hamburg, www.kirche-der-stille.de

In Klang baden

SOUNDHEALING – DIE SPIRITUELLE KRAFT VON TON UND SCHWINGUNG

Schon im Mutterleib nehmen wir die äußere Welt vor allem durch diffusen Klang wahr. Sei es das Herz der Mutter, Verdauungsgeräusche im Bauch oder Worte, die uns im geschützten Leib erreichen. Wenn wir dann als Babys auf diese Welt kommen, machen wir uns über Laute und Töne verständlich. Kommunikation ist frei von Sprache. Sie entsteht durch Schwingung. Schwingung ist Klang. Und Klang kann bewusst heilungsfördernd eingesetzt werden.

Die Quantenphysik bestätigt: Dass unser Körper feste Materie ist, ist eine Illusion. Wir bestehen aus vielen kleinen, sich rasend schnell bewegenden Atomen. Wir schwingen. Und diese Schwingung geht in Resonanz mit Klang. Da unser Körper zu einem Großteil aus Wasser besteht, reagieren wir auf tiefer Ebene auf Klang mit wellenartig sich ausbreitender Entspannung. So wie der Impuls eines Steines, der ins stille Wasser plumpst und dieses wellenartig nach außen hin bewegt. Unser Verstand kann dies nicht greifen und so fällt es uns leichter, herunterzufahren und uns tief zu entspannen, während unser Körper sich Tönen und Melodien hingibt. Dass Musik entspannende und stressreduzierende Eigenschaften hat, ist wissenschaftlich belegt und jeder wird dies aus eigener Erfahrung bestätigen können, wenn man die Lieblingsplaylist anmacht, um z. B. abends zur Ruhe zu kommen.

Dieses Wissen ist Grundlage von Soundhealing (Heilung durch Klang). Hier werden Klangschalen, Gongs, Windspiele, Regenrohre oder die Stimme eingesetzt, um uns auf tiefer Ebene zu berühren und Blockaden zu lösen. Während Windspiele uns eher in die zarte Leichtigkeit des Seins tragen, haben Gongs einen sehr satten, erdenden und tiefgehenden Klang, der Ebenen des Bewusstseins berühren kann, von denen wir bislang nicht mal wussten, dass es sie gibt.

Klangschalen sind den sieben Hauptchakren zugeordnet. So sorgt die Wurzelchakra-Schale z. B. für mehr Stabilität, für mehr Selbstbewusstsein die Solarplexus-Schale. Dafür werden die Schalen auch auf den Körper gelegt und angeschlagen. Die Vibration der Schale und des Tons dringt sanft in unser Zellsystem ein und bewegt. Das Immunsystem wird gestärkt, Angst und Stresssymptome reduziert. Körper, Geist und Seele harmonisieren sich. Jedes Instrument erzeugt eine bestimmte Frequenz, die durch den Körper vibriert. Durch die Kombination von Rhythmen und Frequenzen ist es möglich, unseren alltagsgestressten Sympathikus zu beruhigen und einen kreativen, entspannten Geistes- und Gemütszustand zu erlangen. Dieses Zusammenspiel aus Vibration und harmonischem Klang kann den Geist sogar in einen tranceähnlichen Zustand versetzen. Anstelle der üblichen Beta-Wellen, welche das Bewusstsein in Alarmbereitschaft halten, werden meditative und entspannende Alpha-, Delta- oder Theta-Wellen erweckt. Gerade diese sollen letztlich heilende Prozesse begünstigen und ein belebtes, ausgeglichenes Gefühl hinterlassen.

Soundhealing ist eine tiefe Meditation, durch die der Stress unseren Körper verlässt und Lebendigkeit und Frische zurückkehren.

BLICK NACH INNEN

Inmitten des Chaos empfängt uns die Stille, unser wahres Sein, der innere Anker. Freudige Gelassenheit und das Wissen, in innerer Angebundenheit die Wellen des Lebens surfen zu können, erfüllt uns.

Unweit vom Bahnhof Dammtor liegt die familiengeführte **Buchhandlung Wrage,** ein entschleunigender Ort für Inspiration, Spiritualität und Weisheit. Neben einer großen Auswahl an Büchern findet man hier hochwertige Produkte für das persönliche Wachstum: Raumsprays, ätherische Öle, Edelsteine, Klangschalen, Malas und vieles mehr kann man hier kaufen. Die kompetente Beratung des Teams schenkt liebevolle Impulse– getreu dem Motto „Gemeinsam machen wir die Welt zu einem schöneren Ort".
In den Studios oberhalb der Buchhandlung finden regelmäßig Events und **Seminare** statt. Wir erleben Annic-Barbara Fenske und „Dein Ankerplatz". Die Journey Practitionerin und **Spirituelle Coachin** begleitet uns auf eine intensive und begeisternde Art durch unsere Blockaden und Schatten zu der tiefen Erkenntnis, dass in uns etwas ruht, das unberührt von all den äußeren Erfahrungen und ewig ganz ist. Dass alles im Außen Störende ein Weckruf ist, nach innen zu schauen und zu verstehen, dass es Chaos braucht, um in die **Neuausrichtung** zu gehen. Dass es den Wandel und das Nicht-Wissen braucht, um zu lernen, zu erkennen und zu verändern.

Für mich!
Frieden ist, wenn die Dinge ihren Platz finden

Wir beginnen in einer stillen Meditation, um wirklich im Hier und Jetzt anzukommen. Im **Satsang** („Sat": Wahrheit, „Sanga": zusammenkommen) teilen wir in einem Raum bedingungsloser Liebe und Annahme das, was gerade hier ist, und verbinden uns mit unserer Herzensabsicht für den Tag. Immer tiefer erfahren wir die uns allen innewohnende Kraft, unterstützen unser Körperbewusstsein durch **aktive Meditation** und schütteln uns frei, tauchen in geführten inneren Reisen ein in unsere unbewusste Welt, um uns immer bewusster zu werden. Musik und das Baden in den heilvollen Schwingungen der Kristallklangschalen erhöhen unsere Frequenz.
Wir erfahren die **Kraft der Vergebung** und verstehen, dass Selbstachtung gelebte Selbstliebe ist. Dass Kreativität uns in die Selbstwirksamkeit bringt und dass das alles sogar Spaß machen kann.

Dein Ankerplatz, Annic-Barbara Fenske, Tel. (0 41 92) 5 01 13 62, www.anniccoaching.de, in der **Buchhandlung Wrage,** Schlüterstraße 4, 20146 Hamburg

58 *Mein Tag Urlaub*

FRUCHTALARM IN HERZFORM

Die Radtour ins Grüne ist Erholung pur. Ruhe, Weite, unberührte Natur und frische Luft lassen aufatmen und nähren unsere Sinne. Im Herz-Apfel-Garten im Alten Land schlemmen wir unter Apfelbäumen.

Wir starten mit unseren Drahteseln am **Hamburger Hafen** an den Landungsbrücken und fahren durch den legendären Alten Elbtunnel, ein klassisches Hamburger Highlight. Weiter geht es zum Fähranleger Argentinienbrücke und von hier aus folgen wir der **Radroute nach Wilhelmsburg.** An der Klütjenfelder Brücke halten wir inne und gönnen uns einen Blick über die Fleete und den Hafen. Weiter geht es Richtung Moorburg, wo wir zwischendurch am Reiherstieg-Hauptdeich Schäfchen zählen.

Nun lassen wir den Industriecharme hinter uns und landen auf dem Deich mit Blick auf eine malerische Landidylle: Das **Alte Land,** eine Kulturlandschaft zwischen Hamburg und Stade, mit seinen Pferdeweiden, schnurgeraden Gräben, Brücken, Mühlen, Reetdachkaten und Apfelplantagen ist ein wahres Blütenmeer. Das **größte zusammenhängende Obstanbaugebiet Nordeuropas** entstand vor mehr als 800 Jahren unter Anleitung niederländischer Kolonisten.

Für mich!

Tagesausflug mit Picknick unter Apfelbäumen

Mittendrin erreichen wir den **Herzapfelhof,** einen typischen Altländer Obsthof in Jork. Ein einzigartiges Apfelparadies zu schaffen, war das Ziel von Hein Lühs. Der 5000 Quadratmeter große Garten ist eine Besonderheit und lädt zum Verweilen ein. Die Bäume wurden nicht wie üblich in „Reih und Glied“, sondern nach dem Vorbild des Herzapfels gepflanzt. Besonders gut ist dies aus der Vogelperspektive zu erkennen. Über 250 verschiedene und **historische Apfelsorten** rahmen zwei Rundwege mit Hochstammbäumen ein. Der eine führt in Apfelform durch die „Schale“ des Apfels, der andere, der „Herzrundweg“, umrandet das Herz vom Herzapfel.

Auch auf dem Boden kann vieles erlebt werden: Mitten im Herz-Apfel-Garten befindet sich ein **Quiz- und Infopfad,** der über Apfelsorten, Obstanbau, das Alte Land und den Herzapfelhof informiert. Das Picknick wird in einem Bollerwagen zusammengestellt und umfasst Leckereien aus dem Hofladen. Wir stärken uns inmitten der Blütenpracht.

Herzapfelhof Lühs Altes Land, Osterjork 102, 21635 Jork,
Tel. (0 41 62) 2 54 82 00, www.herzapfelhof.de

59 *Mein Tag Urlaub*

KARIBIKFEELING

Die Strandtasche ist gepackt. Sonne tanken und Schiffe gucken mit Panoramablick. Schattenpausen unter Palmen. Im 28Grad Strandbad in Wedel werden Sommer- und Urlaubssehnsüchte gestillt.

Im luftigen Strandoutfit bekleidet geht es los. Etwa 20 Kilometer westlich vom Hamburger Stadtkern entfernt, direkt am **Wedeler Elbstrand** zwischen Schulauer Hafen und Tonnenhafen mit einer Gesamtfläche von 2000 Quadratmetern, liegt diese schöne **Bucht mit Südseeflair.** Ob entspannt auf dem Wasserweg mit der Fähre anschippernd, die öffentlichen Verkehrsmittel oder das eigene Auto nutzend oder eine bewegungsfreudige Radtour machend, hier werden die Vitamin-D-Speicher reichlich aufgefüllt. Der **Beachclub** ist der perfekte Ort für einen Tagesausflug mit fröhlicher Sommerlaune: eine sanft schmeichelnde Brise und Sonne auf der Haut spüren, die Füße im Sand vergraben und dem Plätschern der Wellen lauschen. Herrlich!

Für mich!
Sonnenbaden und Chillen am Elbstrand

Palmen, lange Tische und Bänke aus massivem Holz, bequeme Loungesessel und Liegestühle, Sonnenschirme aus Stroh, Kicker, chillige Klänge im Hintergrund und viel weicher Sand wecken echte Urlaubsgefühle. Die terrassenförmige Gestaltung der Anlage ermöglicht von jedem Lieblingsplatz einen weiten Blick auf das **beruhigende Blau der Elbe.** Wer noch höher hinausmöchte, ankert bei diesem Südseetrip einfach auf dem Sonnendeck. An der Bungalow-Bar können für das leibliche Wohl prickelnde Drinks, Leckerbissen vom Grill, frische Salate und auch süße Verlockungen wie Kuchen oder Eis erworben werden.

Die kleinen Gäste buddeln nach Herzenslust im Sand, bauen Kleckerburgen oder spielen bei Ebbe im Schlick. Baden ist im Strandbad aufgrund von Sog- und Schwellströmungen durch teils gigantische Schiffe, die Wedel auf dem Weg zum Hamburger Hafen passieren, zwar verboten, das traumhafte Ambiente wirkt trotzdem so erholsam wie **Kurzurlaub vom Alltag.** Hier verweilen wir ausgiebig, schauen den vorbeifahrenden Schiffen zu, lassen uns von einer Sommerlektüre unterhalten und schlürfen nebenbei genüsslich ein erfrischendes Schirmchengetränk. Unsere Sinne sind auf Entspannungskurs. Wir lassen einfach mal die Seele baumeln.

28Grad Strandbad Wedel, Hakendamm 2, 22880 Wedel,
Tel. (0 40) 2 28 58 48 20, www.28grad.com

28

60 *Mein Tag Urlaub*

ZU FUSS INS QUELLENTAL

Herrlich kraftspendend und ausgleichend ist diese Alstertalwanderung im Nordosten der Hansestadt. Entlang Hamburgs „Lebensader" lassen wir uns von den ungebundenen Kräften der Natur nähren.

Wir starten den Tagesausflug in der Nähe der U-Bahn-Station Ohlsdorf bei der **Ratsmühlenschleuse.** Hier endet die kanalisierte Alster. Und mit dem Wellingsbütteler Alstertal beginnt der wilde Teil des Flusses. In sanften Bögen fließt die Alster in ihrem Oberlauf durch eine unberührte, durch Endmoränen geformte Wald- und Auenlandschaft. Der **Wanderweg** ist dabei wunderbar ausgebaut und verläuft meist in **unmittelbarer Nähe der Alster.** Man muss einfach den gelben Pfeilen an den Bäumen folgen. Bei Wellingsbüttel lohnt ein Blick auf das 1757 errichtete Torhaus direkt am Wegesrand. Auf den nächsten Kilometern schlängelt sich der Pfad mit einigen kleinen Steigungen durch eine waldige, verwunschene Flusslandschaft bis zur Poppenbüttler Schleuse. Auf der anderen Seite des Schleusenteichs lugt die Burg Henneberg hinter dem dichten Grün hervor. Paddler und Enten gleiten vorbei. Wir fühlen uns wie im Dschungel, so dicht überwuchern Pflanzen, Büsche und Bäume den scheinbar stehenden Fluss. Dem Alsterlauf folgend durchqueren wir den **Henneberg-** und **Hohenbuchenpark** und erreichen den historischen Gasthof an der Mellingburger Schleuse. Von dort geht es flussaufwärts weiter in das **Naturschutzgebiet Rodenbeker Quellental.** Wo einst die tosenden Gletscherwasser das Stromtal der Alster ins Erdreich gefräst haben, findet sich heute eine Landschaft mit Hügeln, Tälern, Wasserläufen, Teichen, Wäldern, Wiesen und Weiden. Der idyllische **Biergarten** vom Gasthof Quellenhof ist besonders einladend für eine kulinarische Rast, bevor wir gestärkt auf die letzte Etappe aufbrechen. Teppiche von Buschwindröschen, Wiesen- und Schlüsselblumen säumen den Weg an den Rändern der Quellmulden. Besonders schön leuchten riesige Bestände von Sumpfdotterblumen durch das satte Grün der flussnahen Erlen. Vom Haselknick aus lassen wir den Wanderweg hinter uns und erreichen über die Bredenbekstraße die U-Bahn-Haltestelle Ohlstedt.

Für mich!
Sich mit Hamburgs Lebensader verbunden fühlen

Alstertalwanderung, Startpunkt: U-Bahnhof Hamburg-Ohlsdorf, 22337 Hamburg, Endpunkt: U-Bahnhof Hamburg-Ohlstedt, 22397 Hamburg

PAULANER
MÜNCHEN
GASTHAUS QUELLENHOF

61 Mein Tag Urlaub

TIERISCHE BEGEGNUNGEN

Inmitten ungezähmter Natur können wir die tierischen Bewohner im Wildpark Schwarze Berge ganz nah erleben und uns von der wilden Kraft ihres Wesens berühren, verzaubern und beglücken lassen.

Gleich hinter dem Eingang werden wir von dem vierbeinigen Begrüßungskomitee des Wildparks in Empfang genommen. Die drolligen, frei herum trottenden Hängebauchschweine mit ihren zerknautschten Nasen legen sich gerne laut schmatzend mitten in den Weg, um gestreichelt zu werden. Oder sie dösen in der Sonne und schnarchen friedlich vor sich hin.
In der 50 Hektar großen **idyllischen Parkanlage** in den Harburger Bergen können über 1000 Tiere und rund 100 Arten, darunter Wölfe, Luchse, Braunbären, Elche oder Eulen, bestaunt und einige sogar gestreichelt und gefüttert werden. Die **Wildparkbahn** informiert in einer rund einstündigen Tour über die Bewohner des Parks. **Schaufütterungen** und **Flugschauen** bereichern das tierische Entdeckungserlebnis. Beim Schlendern beeindruckt der Park durch die naturnahen, weitläufigen Gehege und seine traumhafte Landschaft.
Da tut sich im **Freigehege** ein See in der Ferne auf, der Weißkopfseeadler zieht majestätisch seine Kreise und Rehe grasen am Hang. Einem Reh dürfen wir ganz nah kommen. Das sonst so scheue Wesen verzaubert uns durch seine Zartheit und Anmut. Gleichzeitig ist eine mutige Kraft spürbar, sich auf diese Begegnung einzulassen. Das verbindet uns auf magische Weise mit unserer eigenen sanften Seite.
Mal überwiegen beim Beobachten der einzigartigen Tiere Ehrfurcht und Staunen, wie beim Anblick des sehr seltenen kleinen weißen Barockesels, dem „Lichtbringer“ Maximilian, oder des Braunbären, der stolz sein weiträumiges Revier erkundet. Mal gewinnt der „Niedlichkeitsfaktor“, wie bei den putzigen Waschbären oder den zuckersüßen Alpensteinbockjungen.
Dem Himmel näher kommt man hier auch. Nach dem Aufstieg auf den 45 Meter hohen **Elbblickturm** werden wir mit einer atemberaubenden Weitsicht bis nach Hamburg belohnt. Beseelt und aufgetankt von besonderen Begegnungen und viel frischer Luft fahren wir nach Hause.

Für mich!
Die Vielfalt von Tier- und Umwelt hautnah erleben

Wildpark Schwarze Berge, Am Wildpark 1, 21224 Rosengarten,
Tel. (0 40) 81 97 74 70, www.wildpark-schwarze-berge.de

MAGIE DER STILLE

Stille ist wohltuend und voller Antworten. Die Samen, die in achtsamer Stille ausgebracht werden, erwachsen von geistigen Seelenfunken zu mächtiger Einsicht für die Leuchtkraft unserer Seelenblume.

Im Herzen des Komponistenviertels, **im ruhigen Hinterhof,** in einer umgebauten Kutscherscheune befindet sich Yoga im Hof. Hier wird überwiegend achtsames Hatha Yoga in der Himalaya-Tradition praktiziert. Die Inhaberin und Yogalehrerin Kerstin Mattmüller hat die Räume bewusst minimalistisch eingerichtet. Klarheit im Außen fördert die Klarheit im Inneren.
Dieser **„Tag der Achtsamkeit in Stille“** bei der MBSR-Lehrerin Julia Seegebarth ist ein Geschenk an uns selbst. Julias feinsinnige und liebevolle Art wirkt raumgebend. Alles darf sein, wie es ist. Wir fühlen uns eingeladen, aus der hektischen Reaktivität des Alltags auszusteigen und uns auf das „edle Schweigen“ einzulassen. Durch die **sphärischen Klänge** von Kristallklangschalen öffnen, reinigen und nähren wir zu Beginn unsere Chakren. Die Schwingungsenergie der „liegenden Acht“, die wir als Karte ziehen dürfen, sendet uns eine lichtvolle Botschaft für unsere innere Balance.

Für mich!
Beobachten, spüren und einfach nur sein

In Form von sanften, achtsamen **Bewegungs- und Körperwahrnehmungsübungen**, Sitz- und Gehmeditation üben wir, unsere Aufmerksamkeit in der kostbaren Erfahrung der Gegenwärtigkeit zu halten. Die Bewegungen des Geistes kommen zur Ruhe. Wir erlauben uns, uns selbst zu begegnen.
Mit der „liebenden Güte“ aus der Metta-Praxis säen wir die **Saat des Mitgefühls und der Liebe.** Wir dürfen darauf vertrauen, dass die Natur ihren Lauf nehmen und die Saat mit der Zeit aufgehen wird. Unsere Aufgabe besteht nur im Säen. Jedes Mal, wenn wir im Geist und im Herzen den Wunsch für unser Glück und das anderer Lebewesen formulieren, kanalisieren wir die immense Transformationskraft unserer Gedanken und geistigen Ausrichtung. Der innere friedvolle Klang erzeugt in Resonanz **äußere Harmonie.** Für alles Weitere dürfen wir dem Entstehen vertrauen.
Wir erforschen in Stille, wie wir achtsam, mitfühlend und gleichmütig allem begegnen können, was auftaucht, und wie nährend und heilsam es ist, der Stimme unseres Herzens und unserer Seele zu lauschen.

Tag der Achtsamkeit, Julia Seegebarth, Tel. (01 76) 20 58 12 11, www.julia-seegebarth.de, bei **Yoga im Hof,** Beethovenstraße 42, 22083 Hamburg, www.yoga-im-hof.com

HIDEAWAY AM DEICH

Ungewöhnlich übernachten zwischen Ursprünglichkeit und Moderne. Versorgt vom Hof-Café Fräulein von der Elbe im wunderschönen Bauerngarten, wo nostalgische Schätze liebevoll in Szene gesetzt sind.

Das **Haus Anna Elbe,** ehemals das Voß'sche Haus, liegt direkt am Altengammer Hauptdeich in den Vier- und Marschlanden, eingebettet in das neu geschaffene **Naturschutzgebiet Borghorster Elblandschaft.** Tatiana und Stefan Timman haben sich hier mit ihren drei Kindern nicht nur ein Zuhause, sondern auch einen Ort geschaffen, an dem sie die deutschlandweit einzigartige Kulturlandschaft für Besucher erlebbar machen. Das 1715 gebaute, denkmalgeschützte **Hufnerhaus mit Reetdach** ist ein sogenanntes Halbkreuzhaus mit zum Deich hin abknickendem Ziergiebel und Deichbrücke. Trotz der modernen Restauration ist das Haus in seinem Wesen gleich geblieben.

Für mich!

Kurzurlaub vom Alltag für Körper, Geist und Seele

Auf der einen Seite grenzt das Grundstück direkt an die Borghorster Elbwiesen an der Elbe, auf der anderen Seite blickt man über den verwunschenen Garten mit Obstbäumen auf Pferdekoppeln und Felder.

Über eine Deichbrücke, die in ihrer Art einmalig ist, gelangt man zu vier wunderschön gestalteten **Ferienwohnungen:** Kapitänskoje, Strandbude, Schlummernest und Waldbutze. Hier kann man die Seele baumeln lassen und nach einem Ausflugstag in der eigenen Sauna entspannen. Wer es rustikaler mag, der bucht eine der vier **Waldhütten im Waldhüttendorf** inmitten von alten Tannen. Im Sternenreich, der Knautschzone, dem Biberbau und im Treibgut ist man eingebettet in die Natur. Den Abend kann man bei Lagerfeuer auf dem kleinen Hüttendorfplatz ausklingen lassen.

„Unter den Tannen" und „Bei den Lebensbäumen" schläft man fast schwebend in einer Art Mischung aus Zelt und Hängematte, eingespannt zwischen den Bäumen. In einer lauen Sommernacht kann man das Cape abnehmen und direkt durch die Baumkronen in den Sternenhimmel gucken. Ob der Dünenwald in den Besenhorster Sandbergen, der Stover Strand oder Süßwasser-Wattwandern in den Borghorster Elbwiesen, die direkte Umgebung hat viel zu bieten.

Haus Anna Elbe, Altengammer Hauptdeich 82, 21039 Hamburg, Tel. (0 40) 41 92 88 73, www.haus-anna-elbe.de

BAUM(H)AUSZEIT

Dem Himmel so nah und der Erde so verbunden. Es ist schon schön auf Krautsand. Bereits eine Nacht ist wie ein langer Urlaub. Hier entspannen wir uns in die naturluxuriöse Einfachheit des Seins.

Krautsand ist eine **Halbinsel** im maritimen und doch auch traumhaft grünen Kehdinger Land. Hier scheint die Welt noch in Ordnung zu sein. Allein die Fahrt ins **Kehdinger Land** entschleunigt uns sofort. Vorbei an Obstplantagen, endlosen Wiesen von Wassergräben durchzogen, Weiden mit Kühen, Schafen und Pferden und einzelnen Bauerngütern merken wir den Übergang vom Festland auf die Insel kaum. Der Elbarm ist hier ganz schmal.
Pur und warmherzig empfangen uns Maika Engelke und Klaus-Dieter Mayer auf ihrem paradiesischen **Elbinselhof Krautsand** nur 500 Meter hinter dem Elbdeich. Wir spüren sofort die Magie dieses Ortes. Ein tierisches Empfangskomitee aus Hunden, Katzen, dem stolzen Pfau Klaus, Islandpferden und der zahmen Krähe Friedhelm macht es fast zu schön, um wahr zu sein. Und doch: Es ist so schön. Hier darf man wahrlich sein, in **Verbundenheit mit Tier und Natur.** Inmitten der nach schamanischer Tradition Kraft und Ausgeglichenheit schenkenden Weiden thronen die Baum- bzw. Stelzenhäuser Jojo, Lotti und Anni. Auf der einen Seite die wunderschöne Sicht über die saftig grünen Pferdekoppeln, auf der anderen Seite der weite Panoramablick über den Deich auf die Elbe und die vorbeischippernden Pötte. Bei einem Glas Wein vor dem Kamin genießen wir das kostbarste Gut, die Ruhe. Ein besonderes Highlight ist sicherlich der Hot Tub. Unterm Sternenhimmel in warmem Wasser entspannen, ist eine wohlige Verabredung mit sich selbst. Den Morgen starten wir mit herrlich duftendem Kaffee und frischen, eigens vom Hausherrn gebrachten Brötchen im **Strandkorb** auf der dem **Baumhaus** vorgesetzten kleinen Terrasse. Nun wartet ein geruhsamer, zeitloser Tag mit langen Spaziergängen am endlosen **Elbstrand** auf uns. Ein Tag voller Herzlichkeit, an dem wir uns einfach treiben lassen oder uns mit einer Kosmetikbehandlung im Erdhaus verwöhnen. Und wer mag, findet auf dem Hof immer was zu tun und darf mit anpacken.

Für mich!
Den Himmel auf die Erde bringen

Elbinselhof Krautsand, Schanzenstraße 23, 21706 Drochtersen-Krautsand, Tel. (0 41 43) 91 19 50, www.elbinselhof-krautsand.de

PRIVAT
ZUTRITT
FÜR GÄSTE
Infos
HGR
2021
BELEGT

BAUERNHOFZEITREISE

Dieser Hof ist eine grüne Insel im Strom der Zeit. Mensch, Tier und Natur leben in diesem Idyll ein einvernehmliches Miteinander. Wir atmen nicht nur viel frische Luft, sondern auch Geschichte.

Für mich!
Ferien mit ländlichem Frischekick

Der **Hof Eggers** in den malerischen Vier- und Marschlanden ist seit 1628 in Familienbesitz. Respektvoller Umgang mit den bewirtschafteten Ackerbauflächen und die **artgerechte Haltung der Tiere** liegt Familie Eggers ebenso am Herzen wie der Erhalt des unter Denkmalschutz stehenden Hofgebäudes. Hier lebt eine bunte Hofgemeinschaft zusammen: Schweine, Rinder, Gänse, Hühner, Schafe, Heidschnucken, das Pony Tarzan und Hund Rocky haben auf dem Biolandhof ihr Zuhause gefunden.
Die umgebauten **Ferienwohnungen** im historischen Anbau mit Namen wie Storchennest, Eulennest, Hasenbau und Fuchsbau sind heimelig eingerichtet. Morgens einfach Tür auf, tief durchatmen und **frische Landluft** schnuppern! Herrlich duftenden und wohlschmeckenden Biokaffee in der Hand, gleitet der Blick in die beruhigende Weite der Natur. Über den Wiesen liegt noch der Frühnebel. Die Vögel stimmen ihr morgendliches Konzert an. Hofschweine grunzen zufrieden vor sich hin. So fühlt sich Urlaub auf dem Biobauernhof an. Wer lieber lange schläft, als der Sonne beim Aufgehen zuzuschauen, muss auf Naturerlebnisse nicht verzichten. Auf einem Biorundweg lernen wir Wissenswertes über ökologische Landwirtschaft, nachhaltigen Gartenbau und Selbstversorgung.
Nach einer Stärkung mit frisch gebackenem Obstkuchen im verwunschenen Garten des **Hofcafés** schnappen wir uns unsere Drahtesel und erkunden auf den endlosen Radwegen die Umgebung. **Badeseen** versprechen eine willkommene Abkühlung an einem heißen Sommertag. Bei einem ausgedehnten **Spaziergang** über die weiten Wiesen, Felder und Wanderwege rund um den Hof fängt unsere Seele ganz von alleine an zu baumeln. Das **historische Backhaus** können Gäste für Veranstaltungen mieten. Regelmäßig finden **Kindertage** mit Treckerrundfahrten, Tierfütterung und Toben im Stroh statt. Um den Urlaub zu Hause etwas zu verlängern, kann man im Hofladen die saisonalen Gaben des Naturparadieses erwerben.

Hof Eggers, Kirchwerder Mühlendamm 5, 21037 Hamburg,
Tel. (0 40) 72 37 73 85, www.hof-eggers.de

Krafttiere – ein Blick in die Seele

Meditation „Von Seelengefährten begleitet“

IM SPIEGEL EINES TIERES VERBORGENES BEWUSST MACHEN

Wir alle verbinden bestimmte Eigenschaften mit Tieren. Manche sind übernommen aus der Mythologie oder aus Märchen und Fabeln. Und wir alle haben sicherlich die Erfahrung gemacht, dass Tiere auf uns wirken. Sei es das beruhigende Schnurren einer Katze oder das vor Kraft strotzende Pferd. Wenn wir uns für die Wirkung öffnen, die Tiere haben, können wir Qualitäten und Ressourcen in uns selbst wiederfinden, die uns ein selbstsichereres und wahrhaftig nach uns ausgerichtetes Leben führen lassen. Das egofreie Sein eines Tieres erinnert uns an das Natürliche in uns selbst. So kann das vor Kraft strotzende Pferd uns unsere eigene Kraft vor Augen führen oder diese Kraft kann uns Angst machen. In beidem liegt die Einladung, sich das Thema „innere Kraft“, aber auch „Freiheit“ einmal genauer anzuschauen.

Erlaubt man sich die tiefere Begegnung mit tierischen Mit-Lebewesen, landet man schnell bei der Idee von Krafttieren.

Krafttiere oder auch tierische Schutzgeister haben ihren Ursprung in schamanischen Kulturen nordamerikanischer Stammesreligionen. Aber auch in schamanisch geprägten Kulturen Sibiriens, der Arktis oder Südamerikas glaubt man an tierische Hilfsgeister. Schamanen waren sich der besonderen Gabe von Tieren bewusst, die als Wegbegleiter, Ratgeber oder Lehrer dem Menschen hingebungsvoll helfen.

So bitten Schamanen in rhythmischen Trancetänzen darum, auf ihrer inneren Reise in die Himmels- oder Unterwelt, geführt und behütet von den tierischen Schutzgeistern, Heilung von Krankheit oder Unglück zu erhalten.

In der Esoterik spielen Krafttiere eine ähnliche Rolle wie in den Ursprungskulturen. Es wird zwischen Kraft- und Helfertieren unterschieden. Während ein Krafttier uns von Geburt an ein Leben lang begleitet, unterstützt uns das Helfertier in herausfordernden Phasen unseres Lebens.

Um sein persönliches Krafttier zu finden, macht man sich in einer schamanischen Reise auf die Suche und lässt sich vom Krafttier auswählen. Welche Bedeutung es für einen in dem Moment hat, fragt man es am besten selbst. Man kann sich aber auch von zahlreichen Büchern inspirieren lassen. So steht z. B. der Delfin für Leichtigkeit und Optimismus, der Esel für Willensstärke und Ausdauer, der Kolibri für Hingabe und Beständigkeit. Die Gaben, die das Krafttier uns spiegelt, liegen wie verborgene Schätze in uns. Es liegt in unseren Händen, diese Schätze zu bergen und unser Leben oder die Phase, in der wir vielleicht (fest)stecken, zu bereichern. Im Unterschied zum Krafttier kann das Helfertier einem auch im Traum oder im alltäglichen Leben begegnen. Wichtig ist immer die Resonanz. Man spürt, ob das Tier einem „mit Absicht" begegnet und ob dieser Moment eine tiefer liegende Bedeutung hat.

Die Tiergeister gelten als spirituelle Wegbegleiter, sie hüten uns, schenken Lebenskraft, Energie, Sinn und Tiefe. Dabei dienen sie als energetische Verbindung zu der eigenen Ganzheit und können eine Projektion dessen sein, was dem eigenen Bewusstsein zur Ganzheit hin noch fehlt.

WASSERHAUS AUF WELLEN

Im Wasserdomizil, einer Suite im rauschenden Schilf, im ausgleichenden Rhythmus von Ebbe und Flut auf Relaxkurs. Wenn die Beine erst mal über dem Wasser baumeln, folgt die Seele von ganz allein.

Im **Gauensieker Hafen** wurde im 18. Jahrhundert ein Hafenensemble errichtet, das bis heute erhalten geblieben ist. Ein historischer Ort. Hier wurden hauptsächlich Ziegel aus dem Kedinger Land verladen, die dann auf Arbeitsschuten über den Wasserweg ihre Reise nach Hamburg antraten. Schöpfwerk und Spülschleuse sind auch heute noch in Betrieb. Zudem gibt es einen Anleger für kleine Jachten und eine Bootslagerung, die von dem Ehepaar Makris betrieben wird. Nicole und Jelle Makris waren es auch, die mit viel Liebe zum Detail aus einer alten Arbeitsschute eine moderne Wasserwohnung gezaubert haben. Jan schwimmt hier nun mit seinen Hausbootgeschwistern Ulla und Telse **inmitten des Ruthenstroms,** eines wilden Seitenarms der Elbe.

Für mich!
Eins werden mit dem Rhythmus der Natur

Die lichtdurchfluteten **Hausboote** Jan und Ulla strotzen vor Charme. Ein Schlafzimmer, ein gemütliches Kojenzimmer, eine offene Wohnküche mit Kamin und zwei Balkone lassen uns seelenruhig auf und am Wasser sein. Wir fühlen uns als Teil der Natur. Das **Outdoor-Wohnzimmer** auf dem Dach bietet eine grandiose Chillout-Zone. Wir lauschen der Stille, dem Rascheln des Schilfs, beobachten Fischreiher und genießen den Weitblick über den Strom.

Wer es etwas stylischer mag, der kann sich auf Telse, dem schwimmenden Apartment, einquartieren. Es liegt romantisch zwischen Strandsimsen, Wildblumen und einem alten Apfelhof auf einem Ponton. Von der Terrasse aus kann man, je nach Tidezeit, in das kühle Nass oder den matschigen Schlick springen. Eine **Radtour** zum nahe gelegenen Strand von Krautsand wirkt belebend. Mit einem Kanu **paddeln** wir vom Hausboot aus kilometerweit die stillen Flussarme des wilden Ruthenstroms auf und ab.

Wir erleben eine perfekte Auszeit! Eine verwunschene **Stadtflucht,** die uns im Strom der Gezeiten wiegt. Zwischen heimelig und abenteuerlich lassen wir uns von Ebbe und Flut bewegen, um die eigenen Energien wieder in den Ausgleich zu bringen.

Hausboot im Ruthenstrom, Familie Makris, Schäferstieg 2, 21706 Drochtersen, Tel. (0 41 43) 99 95 89, www.hausbootferien-elbe.de

ERFÜLLTE SEHNSUCHT

Dem Fernweh folgen, auf Bali Urlaub machen – und das, ohne weit zu reisen? Ja, das ist möglich! Wir lassen uns in eine fernöstliche Wohlfühlwelt mit allumfassender Entspannungsgarantie entführen.

Vor den Toren Hamburgs umrahmt von purer Natur erschließt sich eine über 36.000 Quadratmeter große balinesische Wellness- und Wohnoase, das **Vabali Spa** & Hotel. Die gesamte **Anlage im Stil eines balinesischen Dorfes** bietet eine unglaubliche Vielfalt. Authentisch balinesische Materialien, leuchtend wärmende Farben und tropische Bepflanzung ziehen sich durch das Designkonzept und lassen uns in Bali-Vibes eintauchen.
Der prächtig angelegte **Saunabereich** mit Außenanlage erstreckt sich über zwei Etagen. Ob Bio- und Gartensauna, Meditationssauna, Panoramasauna, Seesauna, mehrere große Aufgusssaunen, drei Dampfbäder und ein Laconium – Saunafreunde erfahren Rundumerfüllung. Von klassischen Salz-, Honig- und Fruchtaufgüssen bis hin zu belebenden Meditations- und Kräuteranwendungen: Hier überraschen ganz besondere Verwöhnmomente.

Für mich!
Körper, Geist und Seele beschenken

Es ist paradiesisch, sich an dem 1000 Quadratmeter großen, wunderschönen **Naturteich** zu erholen oder es sich in den eingelassenen **Entspannungsbecken** gut gehen zu lassen. Ausruhen auf den Sonnenterrassen oder den behaglichen Daybeds, wohltuende Lomi-Lomi-Nui- oder indische Ayurvedamassagen machen die gefühlte Reise auf die Insel der Götter zu einem wahrhaftigen Erleben. Die exklusiven Vabali-Treatments und Rituale wie das **Bali-Boreh- oder das Kopi-Madu-Peeling** versprechen tiefe Erholung. Herzstück des Saunabereichs ist der 50 Quadratmeter große Pool im Innenbereich. Strahlendes Meeresblau, 30 Grad Celsius warmes Wasser und wir fühlen uns **wie im Indischen Ozean.** Warme Töne, Buddhafiguren und die Frangipani-Blüte runden die vollkommene Erfahrung ab.
Die 80 **individuell gestalteten Hotelzimmer und Suiten** sind ausgestattet mit gemütlichen Schramm-Kingsize-Betten und indonesischen Holzmöbeln. Der asiatisch-mediterrane Hochgenuss im Restaurant macht den Wohlfühlfaktor perfekt. Ein Kurztrip nach Bali war nie greifbarer.

Vabali Spa Hamburg, In der Tritt 1, 21509 Glinde,
Tel. (0 40) 2 98 35 50 00, www.vabali.de/hamburg/

AHOI HAMBURG

Umgeben von ländlicher Idylle auf den seichten Wogen der Dove Elbe aus dem Hamsterrad aussteigen. Aufs Wesentliche reduziert und dabei bei vollem Komfort entschleunigen und „einfach sein" genießen.

Für mich!
Hyggelig wiegen auf dem Lebenselixier

Bei einem Urlaub in England haben sogenannte Narrowboats das schiffs- und wasserverliebte Paar Heiko und Mareijke Buhr begeistert. Schnell war die Idee geboren, angelehnt an die schmalen Kanalboote edle Hausboote zu bauen und so schwimmende Ferienwohnungen zu schaffen. Eine Werft in Liverpool fertigte Rumpf und Stahlteile. Der besondere Ausbau erfolgte in der Nähe von Manchester. 2019 kam **Sutje,** ein graubeiges Schmuckstück, an seinen Liegeplatz am Moorfleeter Deich in der Dove Elbe. 2022 machte **Lütje** in strahlendem Blautürkis **Hamburg Boats** zu einer Flotte. „Sutje" bedeutet „sanft", „lütje" „klein" – und genau dafür steht hier ein Hausbooturlaub: auf kleinem, Geborgenheit schenkendem Raum und in stilvollem Komfort Ruhe, Wasser und Natur genießen.
Jeder Winkel in den beiden **Hausbooten** ist perfekt genutzt. Über das Achterndeck, die einladende **Außenlounge,** geht es über ein paar Stufen in die gemütliche **Schlafkoje** für zwei Personen. Durch ein Duschbad mit WC, abgetrennt durch Türen, geht es weiter in die vollausgestattete **Wohnküche.** Wieder ein paar Stufen hoch und durch die herrlich schiefe Tür betreten wir den Bug. Die Liegestühle auf dem schwimmenden Balkon laden zum Entspannen ein. Da die beiden Boote quer zur Fahrrinne ausgerichtet sind, hat man einen herrlichen Blick in die Natur.
Die tideunabhängige **Dove Elbe** bietet himmlische Bedingungen für **Wassersportler.** So kann man sich von Heiko und Mareijke auch ein Sub ausleihen und vom Boot aus die Umgebung über das Wasser erkunden. Die gute Wasserqualität ermöglicht einen Sprung ins kühle Nass. Oder man nutzt die komfortable Badetreppe für einen sanften Ein- und Ausstieg.
Die Ferienwohnung auf dem Wasser kann auch fahren. Vorausgesetzt, man ist im Besitz eines Führerscheins für Binnengewässer. Dann kann man langsam die **Schifffahrtswege entlangschippern** und die maritime Atmosphäre vollends einatmen.

Hamburg Boats, Heiko & Mareijke Buhr, Moorfleeter Deich 356, 22113 Hamburg, Tel. (01 70) 2 65 29 64, www.hamburgboats.de

ART-GERECHT RELAXEN

Die Liebe zur Kreativität ist wie ein Funke, der überspringt und dazu inspiriert, sich an die eigene Erfindungsgabe zu erinnern. Wohnen in einer sich stetig wandelnden Galerie des Lebens.

Unter alten Kastanienbäumen mitten im Wohngebiet von Eimsbüttel schlummert **Das kleine Schwarze.** Ein kleines, feines B&B, das längst Kultstatus erreicht hat. Denn so einfach und klassisch sein äußeres Kleid, die schwarze Fassade, auch sein mag, umso mehr „Tragemöglichkeiten“ entdeckt man im Inneren. Dieser Ort ist ein **Kunstwunder** und so einzigartig, dass ein Aufenthalt dort zu einem Feuer der Inspiration werden kann.

Ralph und Bettina Merz, die Erschaffer dieses Hotels für Mensch und Kunst, waren ehemals Art-Direktor bei einer Werbeagentur sowie Bühnen- und Kostümbildnerin. Immer wieder gestalten die beiden ihr **Designhotel** komplett um. Wer vor ein paar Jahren noch in der Vernissage „Träume“ verweilt hat, der erlebt nun die Vernissage „Freilauf …“. Jede Lampe, jede Wand, jeder Tisch im Frühstücksraum wurde dem Thema angepasst. So hat Ralph seine Fotografien des Jenisch Parks kunstvoll bearbeitet und wunderschöne Tische gestaltet. Die Tapete in den Fluren entspringt ebenfalls seinem Einfallsreichtum. Jede Lampe, jede Zimmertür erzählt „Freilauf …“. Küche, Flure und Frühstücksraum werden **Galerie für unterschiedliche Kreative.** Jedes der acht Zimmer ist individuell eingerichtet und temporäre Heimat für die Werke eines Künstlers oder Fotografen. Wer sich in eines der Exponate verliebt, kann dieses käuflich erwerben.

Für mich!
Stilvoll inspirieren lassen und wohlig schlafen

Selbst der kleine schwarze Wohnwagen im ungezähmten Garten, in dem gerade die jungen Gäste sich wohlfühlen, ist Herberge für Kunst. Auf der Holzbank, ebenfalls ein Kunstwerk, lässt es sich unter duftendem Flieder wunderbar in einen Dialog kommen.

Und weil Leben auch Umwelt heißt, duscht man im Kleinen Schwarzen mit Sonnenkraft aus der Thermieanlage und frühstückt größtenteils bio.

Ganz selbstverständlich reichen sich **Gastlichkeit und kreative Leidenschaft** hier die Hand. Es geht um Dialog, um Eintauchen in Welten und darum, Kunst und Leben als sich gegenseitig bedingende Einheit zu begreifen.

Das kleine Schwarze, Tornquiststraße 25, 20259 Hamburg,
Tel. (0 40) 23 93 99 11, www.das-kleine-schwarze.com

70 *Meine Frei-Zeit*

HAUSEN IM SPEKTAKULUM

In dieser Überraschungskiste wirkt Kreativität in ihrer ursprünglichsten Form. Vorhang auf, Manege frei und rundum beschenkt werden. Es ist nie „zu Späti" für einen Urlaub in der eigenen Stadt.

Im Norden das kulturelle Erbe, die alte Speicherstadt, im Süden die aufblühende Hafencity und mittendrin das **Pierdrei Hotel.** Hier haben die kreativen Schöpfungskräfte der Macher aus Hotel, Theater und Miniatur-Wunderland einen lebendigen **Ort der Gastfreundlichkeit und Unterhaltung** geschaffen. Ein Hotel von Hamburgern für Hamburger, in dem jeder sich von Herzen willkommen fühlt.

Die inneren Kinder der Gründungsväter haben sich hier spielerisch ausgetobt. Schönste **Entdeckungen von Flohmärkten** der ganzen Welt sind stilvoll in Szene gesetzt. Jeder dieser Schätze erzählt von einer Reise, so wie jeder Gast nun die eigene Reisegeschichte schreibt. Inspiration gibt es hier zuhauf.

Für mich!
Sich am Puls der Stadt voll versorgt fühlen

Auf den Gängen zu den **212 wunderschönen Zimmern** in fünf Kategorien, von Small bis Extra Large, ziehen feine Szenarien aus Hamburgs Umland im Miniatur-Wunderland-Style unseren Blick an. Die Mini-Bar bestückt man selbst über den hauseigenen „Späti". Ob Racker Room für die Kleinen oder Hafenbühne und 3 Fingers Bar für die Großen, hier kann jeder seiner Lieblingsbeschäftigung nachsinnen.

Eine absolute Besonderheit ist die **Camper-City**. Drei durchgestylte Wohnwagen mit den Namen Flower Coco, Retro Coco und Hippie Coco lassen jedes Abenteurerherz höherschlagen. Während tagsüber das liebevolle Innenambiente begeistert, ermöglicht nachts ein dreiteiliges Skyroof freien Blick in den Sternenhimmel.

Wer noch höher hinausmöchte, der kann einen erfrischenden Drink mit spektakulärer **Aussicht auf die Skyline Hamburgs** im Moon 46, dem Dachgarten, genießen. „In 80 Töpfen um die Welt" kommt man im Kitchens, Restaurant und Bar. Inspiriert von Streetfood bis Sterneküche aus aller Herren Länder, haben die Küchenchefs eine **kulinarische Schatzkiste** zusammengestellt und servieren sie als kleine Kunstwerke. Der kreative Geist dieses beschwingten Ortes ist inspirierend und nährend zugleich.

Pierdrei Hotel, Am Sandtorkai 46, 20457 Hamburg,
Tel. (0 40) 55 82 29 30, www.pierdrei-hotel.de

COAST GUARD
NEWPORT

Bibliografische Information der Deutschen Nationalbibliothek
Die Deutsche Nationalbibliothek verzeichnet diese Publikation in der Deutschen Nationalbibliografie; detaillierte bibliografische Daten sind im Internet über http://dnb.d-nb.de abrufbar.

Konzeption/Satz: Droste Verlag, Düsseldorf
Einbandgestaltung: Vernice Collet, Düsseldorf
Fotos: Annic-Barbara Fenske und Julia Seegebarth, außer: S. 13: Felix Amsel; S. 15: Malte Jahn; S. 17: Gabriele Pirchmoser; S. 18: www.stock.adobe.com/Blue Planet Studio; S. 27: MalinaStories; S. 29: Yvonne Schneemann; S. 32: www.stock.adobe.com/PUNTOSTUDIOFOTO Lda; S. 37: Christina Holsten; S. 43: Anand; S. 44: www.stock.adobe.com/Microgen; S. 55, 75, 87, 95, 97, 101, 113, 139: Nina Grützmacher; S. 58: www.stock.adobe.com/chamillew; S. 63: Juliane Rudolph; S. 67: Marcus Renner; S. 69: Linda Köhler-Sandring; S. 79: Andreas Sibler; S. 81: Roman Dachsel; S. 82: www.stock.adobe.com/Westend61; S. 89: Hamburger Klimaschutzstiftung / Ute Schuckmann; S. 92: www.stock.adobe.com/heinei; S. 103: Frauke Woller; S. 104: www.stock.adobe.com/thayra83; S. 107: Dornheim GmbH; S. 109: Bastelliebe; S. 116: www.stock.adobe.com/zulman; S. 121: Bäderland Hamburg GmbH / Dietmar Theis; S. 129: Carsten Neff NEWS & ART; S. 133: www.stock.adobe.com/Composer; S. 135: Maria Gilbert; S. 136: www.stock.adobe.com/Максим Галінский; S. 149: Grit Siwonia; S. 156: www.stock.adobe.com/tomaspic; S. 159: Nicole & Jelle Makris; S. 163: Hamburg Boats; S. 165: Felix Krebs
Textlektorat: Ute König, Kitzingen
Druck und Bindung: LUC GmbH, Greven

MIX
Papier aus verantwortungsvollen Quellen
FSC® C011279
FSC
www.fsc.org

ISBN 978-3-7700-2360-8
www.droste-verlag.de